3/12

Perdido
y encontrado

Andrew Clements

Para Douglas y Roselyn Paul, mis queridos amigos

Capítulo 1

ORDEN ALFABÉTICO

Jay Grayson contaba ya doce años, así que el primer día de colegio no debería haberle preocupado lo más mínimo, pero cuando dobló la esquina que daba a Baker Street y divisó el largo edificio de ladrillo, tuvo que obligarse a seguir andando. Jay sabía muy bien por qué estaba tan nervioso en esa mañana de un martes de septiembre: era un chico nuevo, en un colegio nuevo, en un lugar nuevo. Encima, su hermano estaba enfermo y se había quedado en casa, así que no iba a ver ni una sola cara conocida en el centro escolar. Tenía que bregar con el primer día de sexto completamente solo.

Su madre se había ofrecido a ir con él para ayudarle en los trámites de ingreso, pero Jay había contestado: «No soy un niño, mamá»; eso le había dicho y era cierto.

En consecuencia, mientras cruzaba la puerta principal del Colegio de primaria Taft junto a una pequeña multitud de críos, intentó verle la parte positiva al asunto diciéndose: «Esto podría ser muchísimo peor».

Y con ello quería decir que podría haber sido como nueve meses antes, cuando su familia se trasladó a Denver, Colorado, a mediados de enero. ¿Lo de cambiarse de colegio a mitad de curso? Penoso. En comparación, este traslado más reciente a Clifton, Ohio, funcionaba muchísimo mejor. Habían llegado a su nueva casa exactamente un día antes de empezar el año lectivo.

Clifton parecía un sitio bastante agradable para vivir; su vecindario, además, estaba situado junto al límite de la ciudad de Cleveland. El hermano de Jay se había quejado de que el pueblo parecía un poco ruinoso, un poco viejo, pero eso era lo que le había gustado al padre de ambos. «Hay que comprar siempre las casas en zonas susceptibles de mejorar», había dicho. Su madre había comentado: «Nos valdrá durante un tiempo y, ¿quién sabe? Puede que en un año o dos tengamos ocasión de trasladarnos a una casa más grande en un sitio mejor».

Los padres de Jay estaban trabajando para una compañía de seguros de Cleveland, y tenerlos a ambos fuera de casa durante el día entero era toda una novedad. Antes, su madre trabajaba a tiempo parcial en las horas de colegio, pero este año padre y madre iban a tener que vérselas con sendas jornadas completas, y Jay y su hermano iban a ser de esos niños que se encuentran la casa vacía cuando vuelven de clase. Eso representaba un gran cambio; el plan era que los dos hermanos volvieran siempre a casa juntos y que sus padres llegarían a la hora de la cena; su oficina quedaba a solo un cuarto de hora en coche de la casa familiar.

A Jay no le importaba gran cosa dónde vivieran mientras toda la familia pudiera reunirse bajo un techo al final del día, y el nuevo vecindario le parecía bien.

También el nuevo colegio le gustaba: lo habían visto desde el coche la tarde anterior, y tenía una característica estupenda: el Colegio de primaria Taft quedaba solo a tres manzanas de su casa, lo que significaba que no necesitarían utilizar el transporte escolar, ni hacer colas antes y después de clase: irían andando y, en esa fresca mañana de septiembre, el trayecto había supuesto exactamente doce minutos de puerta a puerta.

Franqueada la entrada principal, Jay se puso a buscar su aula de curso. Siguió las flechas que indicaban el pasillo de sexto hasta ver un gran cartel a su derecha que proclamaba: «¡Si estás en sexto y tu apellido empieza por una letra comprendida entre la A y la L, *esta* es tu aula de curso!». Había otra clase para los alumnos cuyos apellidos empezaban por las letras comprendidas entre la M y la Z.

Jay encontró su nombre en una tira de papel pegada con cinta adhesiva a un pupitre, así que dejó la mochila, se sentó y contempló atentamente a la profesora encargada de curso cuando ella entró en el aula. Era una tal señorita Lane –el nombre había sido escrito con perfecta letra cursiva en la pizarra–, y parecía bastante maja: ni demasiado mayor ni demasiado joven, ni demasiado estirada ni demasiado simpática. Cuando la oyó hablar con unos alumnos, Jay decidió que su voz resultaba agradable: ni demasiado seca ni demasiado empalagosa.

Al mirar a su alrededor, descubrió que el aula de la señorita Lane estaba atestada de libros: había libros en los antepechos de las ventanas, las paredes estaban cubiertas de estanterías y había un rincón de lectura donde los cojines y las sillas bajas quedaban flanqueadas por una pareja de anchas librerías que iban desde el suelo hasta prácticamente el techo. Jay no se habría descrito a sí mismo como un ratón de biblioteca, pero siempre tenía algún libro a medias y en ocasiones dos o tres, así que el aula le cayó bien.

Sintió un golpecito en un hombro y, al volverse, vio a un chico que, sonriente, le decía:

—He visto tu nombre en el pupitre. Eres Jay, ¿verdad?

Jay asintió con la cabeza y, devolviéndole la sonrisa, contestó:

—Así es.

El chico tenía los hombros anchos, brillante cabello rubio y los ojos más azules que Jay jamás había visto de cerca.

—Soy Alex. No estuviste aquí el año pasado, ¿no?

Jay cabeceó y dijo:

—No, acabamos de llegar al pueblo; tal que ayer, vaya. Venimos de Colorado.

El chico siguió sonriendo, lo que le permitió a Jay ver que uno de sus dientes delanteros estaba roto: era una rotura irregular y daba mal aspecto a toda su boca.

Alex notó la mirada de Jay y explicó:

—Me lo rompí durante un partido de hockey; mi madre dice que no tiene sentido arreglarlo mientras no deje de jugar al hockey, pero eso no va a pasar nunca. Los compañeros del equipo me llaman Colmillo —y puso los labios de tal modo que solo se vieran dos incisivos. Jay decidió que era un buen apodo.

Jay quería preguntarle dónde estaba la pista de hielo, pero en ese momento sonó la campana y la voz de la directora se oyó por los altavoces. Dio la bienvenida a todo el mundo, hizo unos cuantos anuncios y terminó con la Promesa de Lealtad a la Bandera.

Después los altavoces enmudecieron. La profesora, la señorita Lane, miró a la clase y sonrió.

—Como casi todos saben, soy la señorita Lane, y estoy muy contenta de ver a todos mis alumnos esta mañana. Ahora están en sexto, lo que les convierte en los alumnos mayores del Colegio de primaria Taft. Todos los profesores haremos cuanto esté en nuestra mano para que el paso al Instituto se desarrolle con normalidad; este será un gran año para todos nosotros. Bien, ya veo que se han sentado en sus respectivos pupitres; les ruego que ocupen el mismo sitio todas las mañanas hasta que me aprenda los nombres. Después de la Promesa empezaremos cuanto antes a pasar lista, porque la estancia en el aula de curso durará solo ocho minutos, así que cuando les vaya nombrando hagan el favor de levantar la mano y decir: «Presente».

La profesora miró su lista de alumnos y dijo:

—¿Sarah Alton?

—Presente.

—¿Tanya Atwater?

—Presente.

—¿Ryan Bateman?

—Presente.

—¿Kelly Bellamy?

—Presente.

La señorita Lane siguió abriéndose camino a través del alfabeto y, después de once nombres más, dijo:

—¿Jay Grayson?

Jay respondió:

—Presente.

Entonces la profesora dijo:

—¿Alex Grellman?

Y Alex, sentado justo detrás de Jay, contestó:

—Presente.

Jay Grayson se sentó muy derecho en su pupitre y estuvo a punto de levantar la mano, porque la señorita Lane había cometido un error: se había equivocado, sin duda alguna. No había leído el nombre de su hermano.

Porque, siempre que se pasaba lista alfabéticamente, como en este caso, el profesor decía «Jay Grayson» y después «Ray Grayson». Siempre era primero Jay y luego Ray. Siempre.

Porque Jay y Ray no eran simplemente hermanos: Jay y Ray eran gemelos.

Capítulo 2

UNO, DOS

Los chicos habían nacido con seis minutos de diferencia: primer bebé Grayson, segundo bebé Grayson.

Algunos gemelos se parecen un poco y otros mucho, y hay también gemelos que no se parecen en absoluto, pero ciertos gemelos son *exactamente* iguales. Tan iguales como dos gotas de agua, dos cucharas en un cajón o dos patos en un estanque, y el primer bebé Grayson y el segundo bebé Grayson eran de esa clase de gemelos, de los completamente idénticos, excepto por un lunar poco perceptible que el primero de los Grayson tenía en un tobillo.

A Sue y Jim Grayson, la madre y el padre, les pareció genial tener dos hijos a la vez: el tamaño de la familia se duplicó en un día. Y cuando supieron que los dos eran niños les pareció también estupendo, aunque tanto Sue como Jim habían esperado en secreto uno de cada: niño y niña. Pero los bebés eran fuertes y saludables, y eso era lo único que importaba. Los papás se sentían absolutamente felices.

En realidad, eran tan felices que estaban un punto mareados, tal vez incluso algo revueltos, tal como se siente uno después de subirse a una buena montaña rusa. Allí seguían sentados, dos horas después del nacimiento de sus hijos, cada uno de ellos con un bebé en brazos y ambos riéndose y haciendo muecas y comentando lo maravilloso que era tener dos hijos tan guapos.

Llegó entonces una enfermera que les preguntó:

—¿Han decidido qué nombres van a ponerles? ¿No? Pues háganlo cuanto antes, porque el médico tiene que firmar los certificados de nacimiento antes de marcharse; volveré en diez minutos.

Los padres soltaron otras cuantas risitas más mientras iban recitando nombre tras nombre y, como los niños eran tan parecidos, no pudieron resistirse a ponerles nombres muy similares: diez minutos después, Sue y Jim firmaban los certificados de nacimiento. Habían decidido que el segundo nombre de Ray iba a ser Jay y que el segundo nombre de este iba a ser Ray. No habían pasado ni tres horas de su primer día de vida y los chicos se habían convertido ya en Ray Jay y Jay Ray, los gemelos Grayson.

El frenesí fotográfico se inició en cuanto los gemelos regresaron a casa. En ella los esperaban sus cuatro abuelos, y todos ellos se volvieron instantáneamente chochos. La abuela Grayson dijo:

—¿Pero alguien se puede creer lo preciositos que son estos chiquirritines? Es que me dan ganas de comérmelos enteritos. A ver, levántalos juntos, ahí, más cerca de la ventana, para que se les vea bien la carita. ¿Puedes hacer que sonrían al mismo tiempo?

Clic, clic, clic.

La madre de Sue, la abuela Herndon, dijo:

—Venga, vamos a quitarles a mis preciosos chicos ahora mismo esos viejos trapos de hospital. Vamos a envolverlos en estos faldones azules tan bonitos; he traído uno para cada uno. Así. ¿No están mucho mejor? Ahora, Susie, toma uno, y tú, Jim, el otro. Quiero hacerles la foto ahí de pie, cerca de la mesa. Más juntos, un poco más juntos… eso es.

Clic, clic, clic.

Unas dos semanas más tarde empezaron a llegar minúsculas prendas por correo: todo el mundo, pero todo (abuelos, tíos, tíos abuelos, primos, primos segundos) quería unirse al desfile de los bebés gemelos. Llegaron trajes de marinerito, pequeños pijamas de Superman, diminutos trajes de cowboy, de jugador de béisbol, de maquinista, con su gorra y todo, zapatitos y zapatillas y sandalias y botas. Y todo les quedaba bien.

Todos los que enviaban cosas pedían lo mismo: «Venga, mándame una foto para saber cómo les queda, ¿de acuerdo? ¡Y no te olvides de escribir el nombre de cada uno por detrás porque soy *incapaz* de distinguirlos!».

Cuando los gemelos estaban vestidos igual, y peinados igual, eran de lo más mono, vaya si lo eran. Increíblemente monos. Insoportablemente monos. Peligrosamente monos. Monos, monos, monos. Y total y definitivamente idénticos.

Y si mamá o papá los sacaban a dar una vuelta en su nuevo cochecito doble extra grande, siempre había alguien que se paraba, se inclinaba hacia ellos y decía:

—¡Ooohhh, mira! ¡Hay *dos*! ¿A que son monísimos?

Y la respuesta era invariablemente que sí, que muy monos. Infaliblemente, notablemente, innegablemente monos. Tanto que te los podías comer crudos. Tan monos, que no tenías más remedio que palmearles la cabeza o hacerles cosquillas debajo de sus adorables barbillitas. Tan monos y tan ricos que *tenías* que sacarles una foto.

A la hora de la siesta, a la hora de dormir, a la hora del baño e incluso a veces a la hora de comer, mamá y papá tenían que guiarse por el lunar, porque el del pequeño lunar en el tobillo derecho era Ray. «Tobillo derecho, Ray. Tobillo derecho, Ray, no hay que olvidarlo. Tobillo derecho, Ray».

Porque había que llamar Ray a Ray y Jay a Jay. No era cosa de que los niños se liaran con sus nombres, ¿verdad? Porque en algún rincón de sus mentes, Jim y Sue Grayson entendían que sus dos hijos eran realmente dos personas distintas, o que terminarían por convertirse en dos personas distintas… con el tiempo. Vaya, cuando crecieran, ¿no?

Cuando los bebés empezaron a gatear, Sue Grayson siguió vistiéndolos con ropa idéntica, porque facilitaba mucho la compra de vestuario: dos de estos, dos de aquellas, dos de lo de más allá y listo.

También facilitaba mucho el proceso de vestir a los niños: dos de estos, dos de aquellas, dos de lo de más allá y todo a juego, todo resuelto. Sin conjeturas, sin indecisiones. Además, según crecían, vestir igual significaba que no había peleas sobre quién se ponía qué camisetas, qué pantalones o qué deportivas.

Y llegó el colegio.

Los gemelos se convirtieron en celebridades instantáneas del jardín de infancia: todo el mundo pensaba que eran especiales. Y monos, monísimos. Sus profesoras también pensaban que eran una ricura. Y preciosos. Y dulces. Y encantadores. Y adorables.

Los niños, algo pequeños para su edad, tenían el cabello castaño y liso, y brillantes ojos también castaños; sus tímidas sonrisas provocaban hoyuelos en el mismo lugar exacto de sus mejillas. Y, naturalmente, todo el mundo seguía siendo incapaz de distinguirlos.

Casi de inmediato los demás niños empezaron a llamarlos cosas tales como «Ray-o-Jay» y «Jay-o-Ray». Algunos usaban siempre el nombre de Ray, otros utilizaban solo Jay, y esperaban a que el gemelo en cuestión dijera: «No, soy Jay» o «No, soy Ray».

Otros compañeros ni siquiera avanzaban una suposición, sino que se limitaban a decirles: «Oye, chico» o «Eh, tú».

Los gemelos Grayson se cansaron de estar siempre corrigiendo a los demás sobre sus nombres, y se cansaron de ver una y otra vez el interrogante en los ojos de sus compañeros, e incluso de sus profesores, de ver esas miradas confundidas que querían decir: «Oye... ¿pero tú quién eres?». Ese fue el motivo por el que Ray y Jay dejaron de vestir igual poco después de empezar segundo curso.

Y para ayudar a todo el mundo, Ray vestía casi siempre una camisa o una sudadera o una camiseta o una gorra con algún detalle rojo; Ray, rojo. Y Jay llevaba siempre algo azul, como el pájaro, el *blue jay*, o arrendajo azul. Ese código de colores ayudaba, un poco por lo menos, a los chicos interesados en aplicar a cada gemelo su verdadero nombre.

Pero lo cierto es que pocos chicos trataban de hacerse amigos, amigos de verdad, de los gemelos, porque ¿cómo se hacen dos nuevos amigos al mismo tiempo? Si solo querías conocer a uno de ellos, ¿con cuál te quedabas? Si te amistabas con uno de ellos, ¿cómo iba a sentirse el que se quedara fuera?

Había chicos que, además, pensaban que Jay y Ray no parecían necesitar ningún amigo más la mayor parte del tiempo, porque aquellos dos siempre se tenían el uno al otro. Era como si Ray y Jay compartieran cuarto con su mejor amigo todos los días de la semana.

Y era así… hasta cierto punto. Ray y Jay eran incuestionablemente los mejores amigos, pero el quid de la cuestión radicaba en que ninguno de ellos había podido elegir ese mejor amigo: desde el primer instante de sus vidas, esa otra persona que era, hablaba y sonreía exactamente igual que tú estaba siempre allí, comiendo en la misma mesa, durmiendo en la misma habitación, tomando el mismo autobús escolar y sentándose en la misma clase. Y casi nadie era capaz de distinguir ninguna diferencia entre ellos dos; solo Jay y Ray eran capaces de tal cosa.

Durante el curso anterior las confusiones no habían hecho más que empeorar: en febrero, por ejemplo, Ray andaba por una calle próxima a su casa en Colorado cuando un tipo que le llevaba tres cursos de adelanto cargó contra él, lo derribó en un charco fangoso y, agarrando su mochila de libros, la vació en el suelo mientras gritaba: «¡Esto por darme en la cara con aquella bola de nieve la semana pasada!». Parecía una retribución justa, salvo por el hecho de que había sido Jay, y no Ray, quien lanzó la bola.

O una tarde del pasado abril en la que una chica había deslizado una nota en la mano de Jay en el vestíbulo del colegio, y el pobre chico había necesitado tres días para darse cuenta de que la niña estaba colada por Ray, no por él.

Lo peor, sin embargo, se produjo durante la segunda mitad del curso, cuando Jay tomó la decisión de ir a por todas y sacar nota en mates: había hecho todos sus deberes, estudiado duramente para el examen e incluso se había apuntado a trabajos semanales extras. Pues bien, en su boletín final de notas Jay sacó un suspenso y Ray un sobresaliente: el profesor de mates había confundido sus nombres y sus notas. Aunque el error terminó reparándose, Jay sintió que le habían arrebatado su momento de triunfo, y Ray sintió que su hermano el listillo lo había dejado una vez más en evidencia.

Cuando cumplieron doce años, el agosto anterior al actual curso, Ray y Jay estaban más que hartos de ser siempre *los gemelos*. Odiaban que se los comparara continuamente, y no había forma de escapar.

En el curso pasado, si se le hubiera preguntado a un condiscípulo cómo era Jay, lo más probable habría sido que aquel se encogiera de hombros sin más, o tal vez que contestara que Jay era como Ray.

Y si se le preguntara a alguien si era amigo de Ray, posiblemente la respuesta sería otro encogimiento de hombros, o puede que contestara que sí, que era su amigo porque, vaya, era más o menos amigo de los dos aunque, claro, nunca había modo de saber quién era quién, salvo que alguno se quedara enfermo en casa o algo así.

Y eso era precisamente lo que le sucedía a Jay Grayson el primer día del nuevo curso en Clifton, Ohio. Su hermano gemelo Ray se había quedado enfermo en casa.

Lo que estaba bien. Más o menos. Quizá.

Capítulo 3

SIN GEMELO

En el aula de curso de su primer día en sexto, Jay no le preguntó a la señorita Lane por qué no había leído el nombre de Ray. Pensó que probablemente su madre habría llamado a secretaría para comunicarles que Ray iba a faltar, así que se dejó llevar por los acontecimientos.

Cuando la señorita Lane les entregó el horario, la mente de Jay se llenó inmediatamente de multitud de cosas como, por ejemplo, de qué modo iba a orientarse en el nuevo colegio.

Pero Alex dijo en ese momento:

—Casi todas nuestras aulas están aquí, en el pasillo de sexto. Y tenemos casi el mismo horario.

Fue de gran ayuda, sí. Cuando sonó la campana que indicaba la primera clase, Jay no tuvo más que seguir a Alex hacia el aula de mates.

—La profesora es la señorita Pell —le dijo Alex por encima del hombro—. Se supone que es un verdadero hueso.

Cuando, empezada la clase, la profesora pasó lista, sucedió igual:

—¿Jay Grayson?

—Presente.

—¿Sunil Gupta?

—Presente.

Nada de Ray Grayson.

Jay pensó lo mismo, que todos los profesores debían de saber que Ray faltaba ese día, así que cuando tampoco oyó el nombre de su hermano en la clase de arte y en la de sociales, casi ni se dio cuenta.

Pero un par de horas después, al abrir su bolsa del almuerzo, encontró una nota de su madre pegada con celo a una segunda nota. La primera rezaba:

Jay, entrega por favor esta nota en secretaría.

Mientras que en la segunda se leía:

El hermano gemelo de Jay, Ray, se ha quedado en casa con fiebre.
Señora Susan Grayson.

Después de comer, durante la séptima hora, cuando todos los alumnos de su curso asistían a clase de gimnasia, Jay le echó un rápido vistazo a la lista de asistencia que el señor Bolton llevaba en una tablilla con sujetapapeles; allí estaban todos los nombres de los alumnos de sexto por orden alfabético. Todos excepto… el de Ray Grayson.

En ese momento fue cuando pensó: «Pero ¿qué demonios pasa?», pero ese primer martes no preguntó a ninguno de sus profesores sobre el asunto. No dijo: «Oiga, no sé si sabe usted que tengo un hermano gemelo». Además se olvidó, accidentalmente o a propósito, de la nota que su madre había preparado para secretaría.

Porque Jay sabía que lo más probable era que Ray fuera al colegio al día siguiente, miércoles, y que entonces se produciría el habitual revuelo debido al hecho de que tuvieran *exactamente* el mismo aspecto, y empezarían las comparaciones. Volverían el acostumbrado mirar y señalar, y las exclamaciones de asombro y los cuchicheos y los asentimientos de cabeza.

Empezaría también el acoso porque, en cada uno de los colegios a los que habían asistido, se habían encontrado con algún compañero grandote y de aspecto amenazador que les decía cosas como: «Huy, mira qué gemelitos más monos, ¿no son *potitos*?».

Así que Jay, aunque solo fuera por un día, decidió mantenerse absolutamente desconectado de su hermano gemelo, porque ser uno solo, ser él, era un cambio agradable, pero que muy agradable. Su aspecto era solo de él, nadie hablaba como él, ni andaba como él, ni sonreía como él. Durante aquel día único, por consiguiente, Jay Grayson no tuvo un gemelo; fue simplemente él mismo, un chico único en su normalidad. Y durante todo el día se sintió genial.

Cuando volvió a casa tras ese primer día, entró por la puerta de la cocina, cruzó el salón y se dejó caer en uno de los sofás.

La señora Grayson, que se había quedado en casa para cuidar a Ray, le llamó desde el primer piso, donde su marido y ella habían instalado un pequeño despacho:

—¿Eres tú, Jay?

—Sip —contestó su hijo—. Soy yo.

—Bienvenido a casa, cariño. ¿Qué tal el primer día de cole?

Jay respondió, también gritando:

—Bien, bien.

—Termino unos correos electrónicos y bajo a prepararte algo de comer; y quiero que me cuentes cómo te ha ido el primer día, ¿de acuerdo?

Jay contestó:

—Vale.

Su hermano gemelo lo contempló desde el sofá que quedaba frente al televisor, levantó una ceja y dijo:

—¿Y?

—¿Y qué? —contestó Jay.

—Que qué tal está el colegio, pero de verdad.

Jay se encogió de hombros:

—Pues bien, de verdad.

—¿Pero cómo de bien? —indagó Ray—. ¿Qué tal los profesores? ¿Cómo son?

—¿Y qué quieres que te diga? ¿Que tienen pinta de luchadores profesionales? ¿De pilotos de Fórmula 1? ¿De actores de cine? Pues no, Ray, no tienen pinta de nada de eso. Son profesores, lisa y llanamente. Unas cuantas mujeres, un par de tipos… Profesores. Enseñan cosas a los niños. He dicho que está bien porque es más o menos como cualquier otro colegio. Más o menos como esos a los que llevamos yendo seis años.

Ignorando el sarcasmo, Ray inquirió:

—¿Y las chicas?

Jay asintió mirando la tele y dijo:

—Sí, había unas cuantas por allí.

—¿Monas?

—Mira, Ray, mañana lo verás todo por ti mismo, ¿vale? y podrás decidir si las chicas son monas o no lo son, si los profesores molan o no molan, si el menú de la cafetería es un asco o no lo es. Unos hemos ido al colegio y hemos trabajado, y otros se han quedado aquí sentaditos viendo la tele sin tener que contestar a un millón de preguntas.

—Pues muy bien, pues vale —refunfuñó Ray—. Como si nunca te hubiera preguntado.

—De acuerdo —dijo Jay.

—Estupendo —repuso Ray.

—Genial —replicó Jay—. ¿Y ahora por qué no cierras el pico un rato?

Jay fingió entonces prestar atención a la vieja película del Oeste que Ray estaba viendo en la tele, pero se sentía culpable por haberle hecho callar de aquel modo.

Aunque, a decir verdad, Ray sí que le había molestado en una cosa: Jay anhelaba conservar aquel día para él solo, no deseaba compartir con nadie lo que había ocurrido en el colegio. Aquel primer día era suyo, solo suyo.

Y había otra razón por la que no quería hablar de ello: no quería verse obligado a admitir que le había encantado estar solo durante todo el día.

Porque le había encantado: había disfrutado mucho de estar en el colegio *sin* ser un gemelo. Pero mucho. Y no quería decírselo a Ray. Parecía desleal, casi mezquino.

Así que Jay se guardó lo que había pasado.

Pero para decir *toda* la verdad, Ray también había disfrutado al estar sin su gemelo durante todo el día. El viaje desde Colorado a Ohio, atrapado con Jay en el monovolumen y en el tráfico del fin de semana del Día del Trabajo, se le hizo eterno. Así que, aunque no le pareciera bien, aquel martes sin su hermano había sido una liberación. Durante casi ocho horas seguidas había conseguido hacer exactamente lo que le daba la gana, sin una discusión, sin un solo comentario sarcástico, sin estar bajo la permanente observación de otro par de ojos. Se había puesto a ver la tele sin que se produjera discusión alguna sobre el programa, sin tener que pelearse por el mando y, a la hora de comer, se había zampado las seis últimas Oreos que quedaban en la despensa, sin tener que dividirlas en dos partes iguales. Se lo había pasado en grande.

Ray se encontraba mucho mejor a la hora de cenar, pero fingió todo lo contrario, porque no le apetecía tener que levantarse al día siguiente para enfrentarse con el nuevo colegio y tener que bregar encima con ser «uno de esos gemelos nuevos», por eso tosió mucho más de lo necesario, jugueteó con la comida y terminó por apartar el plato. Cuando llegó el helado de chocolate, en lugar de devorar su ración, dijo:

—Me gustaría ir a acostarme.

Y funcionó. Al día siguiente, miércoles, Ray se quedó en casa de nuevo, y tan contento.

Y Jay, de nuevo, recorrió solo las tres manzanas que distaba el colegio. Y también tan contento.

Capítulo 4

DOS VECES MÁS GRUESA

Como Jay llegó temprano a su segundo día de clase, decidió darse una vuelta por el patio de recreo. Aunque había mucha gente, distinguió de inmediato el brillante pelo rubio de Alex. Se acercó a él y le dijo:

—Hola, Alex. Ayer olvidé preguntarte cuándo son los entrenamientos de tu equipo de hockey.

Alex le habló de la nueva pista de hielo municipal de Clifton, que quedaba a menos de un par de kilómetros de su casa.

—Sí, el hielo es estupendo, y todos los equipos han ganado dinero, y acabamos de conseguir una pulidora de hielo nuevecita, una Zamboni, nada menos. ¿Juegas al hockey?

Jay sacudió la cabeza y respondió:

—Bah, solo de vez en cuando, si se hiela algún estanque que esté cerca de casa.

Y estuvo a punto de añadir: «Pero mi hermano gemelo, Ray es bueno de verdad; tendría que estar en el equipo, sin falta». Y era cierto. El patinaje sobre hielo era el deporte en el que Ray superaba de largo a su hermano, pero Jay no lo dijo. No quería iniciar ninguna conversación sobre su gemelo, así que cambió de tema y le preguntó a Alex cuáles eran sus libros favoritos. Como de ese tema no había mucho que hablar, terminaron comentando capítulos de Los Simpson hasta que sonó la primera campana y todo el mundo se puso en fila para entrar a clase.

La señorita Lane siguió sin decir el nombre de Ray al pasar lista. Y nuevamente Jay se dio cuenta, pero no pensó mucho en ello hasta unos minutos después, cuando vio la etiqueta de un archivador de cartón que descansaba en una silla junto a la mesa de la profesora: CARPETAS DE LOS ESTUDIANTES DE 6-A. Aquello picó su curiosidad, porque seguía siendo muy raro que nadie nombrara a su hermano Ray en ninguna asignatura. Pero al acabar en el aula de curso, se apresuró hacia la primera de sus clases.

A Jay le gustaban las matemáticas, y le gustó también su nueva profesora. Era una de esas personas serias que detestaba perder el tiempo; pocas bromas con ella. Había hecho circular los nuevos libros de matemáticas en menos de dos minutos, tras lo cual dijo:

—Vamos a entrar inmediatamente en la descomposición en factores. Es muy importante porque hará que su trabajo con las ecuaciones y las expresiones algebraicas sea mucho más fácil, mucho. Así que nada de quejas, ¿entendido? Abran los libros por la página setenta y dos: ¿alguien se acuerda de este asunto lo suficiente como para factorizar las cifras del problema número uno?

Jay levantó la mano pero hicieron lo mismo cinco o seis chicos más, y la profesora no le escogió a él; sin embargo, en el quinto problema, cuando hubo que calcular factores primos, fue el único que levantó la mano. Salió a la pizarra y aplicó un método que había aprendido en quinto.

La señorita Pell asintió y preguntó:

—¿Puede explicarme alguien qué ha hecho Jay aquí?

Jay, que se había sentado de nuevo, se quedó mirando a la chica que había levantado la mano.

Cuando la profesora asintió, la chica dijo:

—Es como si hubiera dividido a la inversa. Una y otra vez.

La profesora asintió de nuevo:

—Así es, ha dividido cada número hasta llegar a los primos. Jay, ¿cuál es la definición de número primo?

Tras unos segundos, la profesora repitió:

—¿La definición? ¿Jay?

Jay, que seguía mirando a la chica de la fila situada junto a las ventanas, giró la cabeza de golpe hacia la señorita Pell y respondió:

—Es un número entero que solo es exactamente divisible por sí mismo y por el uno.

Jay sentía la cara como un tomate, porque estaba seguro de que todo el mundo se daba cuenta de que se había distraído mirando a la chica. Pero la clase siguió adelante a toda máquina y nadie pareció tener tiempo para pensar en nada que no fueran los siguientes problemas. Incluso así, Jay se las arregló para echar unas cuantas miradas a hurtadillas hacia las ventanas.

Después de la clase de mates Jay se puso hablar con un chico alto de cabello color arena llamado James, y dos clases más tarde, a la hora de comer, James le hizo señas desde el otro extremo de la cafetería para que fuera a sentarse con él y unos cuantos amigos suyos; luego, durante el recreo posterior a la comida, se reunieron en el patio y terminaron jugando al baloncesto con otros chicos.

Aunque Jay era el más bajo de la cancha, tenía agilidad en las piernas y manejaba bien el balón con las manos. Le dio dos veces seguidas un perfecto pase interior a James que este convirtió en sendas canastas. Mientras Jay jugaba, haciendo todo lo posible por impresionar a esos chicos que acababa de conocer, fue de pronto muy consciente de que Ray no estaba a su lado.

Tenía claro que en la mayoría de los deportes Ray no era tan buen atleta como él, y todos aquellos que los acompañaban en algún equipo lo sabían también. Así había sucedido cuando jugaron juntos la liguilla de béisbol de Colorado. Jay era un estupendo jugador de campo y el tercer bateador del equipo, pero Ray… no. Jay nunca se cortaba, pero siempre se sentía mal por su hermano, porque sabía que todo el mundo los comparaba de manera automática. ¿Y aquí, ahora? Era agradable no tener que pensar en ello.

Cuando sonó el timbre y la gente empezó a entrar de nuevo, alguien se puso a hablar sobre las Olimpiadas de invierno y Jay metió baza y le contó a James la tremenda ventisca que habían sufrido en Denver dos inviernos atrás.

Y estuvo a punto de decir: «¡Sí, mi hermano Ray y yo construimos un fuerte de nieve asombroso en nuestro patio trasero!», pero no lo hizo. No quería sacar a colación asuntos familiares, ni cosas de hermanos, ni que tenía un gemelo. Ni con James ni con nadie.

Porque era solamente el segundo día de colegio y veía que estaba empezando a hacer amigos. Amigos propios. Y de momento nadie le había preguntado: «¿Quién eres tú? ¿Jay o Ray?».

Sin embargo, resultaba extraño que los profesores siguieran sin mencionar el hombre de su hermano. Jay pensó: «Caray, esto parece un misterio de los Hardy Boys o algo así. *El misterio del gemelo desaparecido*».

En consecuencia, durante la clase de lengua del segundo día por la tarde, Jay fisgó un poco, porque el archivador con las carpetas de los alumnos que había visto aquella mañana seguía en una silla, junto a la mesa de la señorita Lane.

Aunque no necesitaba aclaración alguna sobre el cuestionario de gramática en el que la clase estaba trabajando, Jay fingió que sí, a fin de sumarse a la fila que esperaba para acercarse a la mesa del profesor y, mientras estaba allí de pie, miró atentamente hasta que vio su carpeta. Era una carpeta de un azul fuerte, la única azul del archivador, y llevaba su nombre impreso, Grayson, Jay Ray, en una etiqueta bien visible.

¿Y la carpeta de Grayson, Ray Jay? Allí no estaba. Perdida.

Y ahí se dio cuenta de otra cosa: su carpeta era demasiado gruesa. En realidad, aquella carpeta azul era exactamente dos veces más gruesa que cualquiera de las demás.

En un instante, entendió el motivo por el que ninguno de los profesores llamaba a su hermano al pasar lista.

Y, al segundo siguiente, supo con toda certeza lo que iba a hacer.

Capítulo 5

TRATO

—¡Estás loco!

Eso es lo que Ray le dijo a Jay el miércoles por la tarde porque, en cuanto Jay volvió a casa después de su segundo día de colegio, le contó a su hermano gemelo lo que había ocurrido con sus expedientes escolares, cómo los dos se habían fundido en una sola carpeta, la *suya*.

—¡Es como si el colegio hubiera perdido tu expediente! —exclamó Jay con los ojos desorbitados. Le estaba costando mucho mantener baja la voz para que su padre no le oyera desde el despacho de la planta alta. Le había tocado a papá esta vez quedarse en casa cuidando de Ray.

Jay continuó:

—¡Creen que somos un único alumno! ¡Solo uno de nosotros tiene que ir al colegio, y lo tengo todo planeado! ¡Va a ser lo más! ¡*Tenemos* que hacer esto, Ray, tenemos que hacerlo! ¿No lo ves?

Ray resopló.

—Lo único que veo es a un crío que se ha vuelto completamente loco. Hombre, claro, sería divertido y todo eso, pero sabes que nos pillarían. ¿Y entonces qué?

Jay contestó:

—Entonces… entonces nos llevarían al despacho del director, y probablemente nos echarían la bronca, y mamá y papá estarían muy cabreados unos cuantos días, y lo pasaríamos fatal durante un par de semanas, ¿pero y qué? ¿Recuerdas cuando en tercero Kenny March empezó a empujarte en el patio y los dos fuimos a por él, y luego nos mandaron a los dos al despacho del director? ¿No fue para tanto, no?

Ray sacudió la cabeza y contestó:

—Aquello fue en defensa propia; Kenny era un matón y todo mundo lo sabía. ¿Pero esto? Esto será como… como decir un millón de mentiras seguidas. Cada vez que alguien me mire y me diga «hola, Jay», y yo contesté «hola», será una mentira; y cada vez que mamá te pregunte «¿qué tal el colegio?», y tú no hayas ido y contestes «bien», será otra mentira. Y seguirá y seguirá, y cuando nos pillen, alguien acercará mucho su cara a la nuestra y dirá: «¿Pero por qué diablos estos chicos han hecho algo así?».

Jay dijo:

—Nosotros contestaremos que lo hicimos porque era un experimento, porque teníamos que averiguar qué se sentía siendo una persona en lugar de ser siempre una parte de una pareja, y tener siempre a alguien mirándonos y señalándonos —Jay hizo una pausa y prosiguió—: Además, no hemos sido nosotros los que hemos perdido la carpeta, ¿verdad? Ha sido culpa del colegio, ¿no?

Ray puso los ojos en blanco y contestó:

—Qué chungo es eso, qué flojo, echarle la culpa al colegio. ¿Y entonces tú vas a decir: «Buaaaá, soy un pobrecito gemelo y nadie me entiende. Buaaaá»? Flojo de verdad.

—Ah —contestó Jay—, así que cuando nadie sabe de verdad si tú eres tú o si eres yo, te gusta, ¿no?

—No —contestó Ray—, pero…

Jay le interrumpió:

—Mira, piénsatelo, Ray, ¡puedes quedarte en casa un día sí y otro no! Y hacer lo que te dé la gana. Y cuando vayas al colegio, podrás estar completamente a tu aire, ser tú. Tienes que intentarlo, Ray. No te mosquees ni nada de eso pero ¿no ser un gemelo? ¿En el colegio? Mola muchísimo.

Ray hizo una mueca y repuso:

—Salvo que todo el mundo pensará que soy *tú*.

—Bueno —contestó Jay—, sí…, pero es más bien como si tú fueras invisible o algo así; y si… si hicieras algo realmente estúpido, ¿a quién le caería el marrón? A Jay Grayson. Es como si tuvieras un salvoconducto.

—No seas idiota —contestó Ray—. Seguiré pareciendo un pringado, porque si nos pillan, quiero decir cuando nos pillen, voy a parecer el doble de tolili por haber aceptado esto, para empezar. Seré el chico que fingía ser el pirado de su hermano gemelo.

—No —contestó Jay—. Serás el tipo que se ha hecho famoso por ser casi tan guaperas, y casi tan listo, y tener casi tanto talento como su fabuloso hermano gemelo.

—Ja, ja, muy gracioso —replicó Ray—. ¿Podemos dejar ya el tema?

Jay se acercó a su hermano y, con los ojos entrecerrados, le dijo:

—Así que… ¿Ray Grayson afirma que nunca ha querido que su hermano gemelo desapareciera una o dos semanas, que nunca ha deseado saber cómo se sentiría al ir por libre? —Jay hizo una pausa y continuó—: ¿Que Ray Grayson nunca ha querido conocer gente nueva, que nunca ha querido ser… él mismo?

Los gemelos se contemplaron durante largo rato; era como mirarse en un espejo, y Jay podía adivinar lo que Ray pensaba. Y Jay supo lo que Ray iba a decir antes de que lo dijera.

—Muy bien, cuenta conmigo —dijo Ray. Aunque enarcó las cejas y añadió—: Pero solo durante un día y como prueba, ¿vale?

Jay enarcó también las cejas, asintió y dijo:

—En cuanto quieras parar, paramos.

Ray precisó entonces:

—Además tienes que fingir que soy yo y que te quedas mañana en casa enfermo…

—… lo que nos servirá para librarnos de los problemas —contestó Jay—, aunque pasara algo en el colegio. ¡Brillante! Pero no va a pasar nada. Ya te digo, nadie tiene la menor idea de que Ray Grayson existe.

Jay extendió la mano derecha y preguntó:

—Hemos hecho un trato… ¿no?

Ray asintió y dijo:

—Lo hemos hecho.

Y los hermanos Grayson se dieron la mano para sellarlo.

Capítulo 6

A TRAVÉS DEL ESPEJO

Era jueves por la mañana, el tercer día de colegio. Inmediatamente después de la Promesa de Lealtad la señorita Lane pasó lista, como de costumbre. Tras leer los nombres de más de una docena de alumnos, dijo:

—¿Jay Grayson?

Y lo que se oyó en respuesta fue:

—Presente.

Pero el chico que había contestado no era Jay, sino Ray.

Ray no tuvo dificultad alguna para encontrar su taquilla, marcar la combinación, sacar los libros y encontrar su aula de curso. Llevaba un buen mapa dibujado en la cabeza, así que encontró todo donde esperaba encontrarlo. El Colegio de primaria Taft era exactamente como Jay se lo había descrito.

Ray se puso a hablar de hockey con Alex en el aula de curso sintiéndose perfectamente tranquilo: cero inquietud, cero timidez, cero ansiedad. ¿Nuevo colegio, nueva población? Ningún problema. Ray decidió que Jay había hecho un fantástico trabajo durante los dos primeros días, como un especialista cinematográfico que se encarga de todo lo peligroso para que la estrella pueda meterse en el plano y divertirse la mar.

Y cuando después de asistir al aula de curso, un chico alto de pelo color arena le sonrió en el pasillo de camino a matemáticas y le dijo: «¡Hola, Jay!», Ray le devolvió la sonrisa y le gritó: «¡Hola, James!», porque este tenía exactamente el aspecto que Jay le había contado que tendría.

Pero la clase de mates le creó unos cuantos problemas inesperados. La situación le recordó lo que él y su hermano solían hacer con su colección de figuras de La Guerra de las Galaxias, que consistía en arrancarles las cabezas y ponérselas a cuerpos distintos a los originales para crear nuevos personajes: encajando por ejemplo la de Boba Fett en el cuerpo de Luke se obtenía un Boba-Lu; con la cabeza de la princesa Leah en el cuerpo de Chewbacca conseguían un Chewleah; y en ese preciso momento se trataba del cuerpo de Jay con la cabeza de Ray; y esto, en clase de mates, no presagiaba nada bueno.

Ray las pasó canutas para no perderse cuando la profesora se puso a explicar los deberes y, cuando llegaron al sexto problema, la señorita Pell se lo quedó mirando de hito en hito y dijo:

—Jay, estuviste tan bien ayer con el problema de descomposición factorial que lo dejé en la pizarra para que pudiera verlo la clase de la tarde. Sal, por favor, y resuélvenos este.

Ray tragó saliva, sonrió, y evitó el pánico por un pelo; no tenía ni idea de cómo resolver aquello, así que no le quedaba otra que tirar de su ingenio y su encanto, algo de lo que Jay habría sido incapaz.

Con una sombra de sonrisa en el rostro, dijo:

—En realidad, creo que hacer tal cosa sería egoísta por mi parte. Hoy debería lucirse otro.

La clase respondió con una gran carcajada; la profesora, por su parte, asintió exhibiendo una sonrisita y contestó:

—Me parece bien.

Y llamó a otro alumno.

Ray se las arregló para sobrevivir hasta el final de la clase de matemáticas, e incluso se acostumbró a que todo el mundo se dirigiera a él por el nombre de su hermano. Después de todo, casi todo el mundo, incluyendo sus padres, le llamaban Jay de vez en cuando.

Y tras recorrer los pasillos, conocer a chicos nuevos y hablar con los profesores, Ray se encontró sentado en la clase de dibujo durante la tercera hora, trabajando en el boceto de un jarrón de flores secas. Al observar el aula iluminada por el sol, se percató del hecho de que nadie en todo el colegio tenía la menor idea de que era un gemelo idéntico de alguien. En aquel momento era sencillamente una persona, única.

Y por primera vez desde que podía acordarse, se vio a sí mismo de aquella manera: una persona aislada, completamente desconectada de cualquier otra. Fue una conmoción porque, a lo largo de doce años, siempre que había estado en público, había pensado en sí mismo como en un gemelo, y siempre había esperado que los demás lo vieran precisamente de ese modo: un miembro de una pareja, una fracción. Una de las mitades de El Asombroso Espectáculo Itinerante de los Gemelos Grayson.

Ray decidió entonces que Jay le había dicho la verdad: no ser un gemelo en el colegio era una gran experiencia y, hasta entonces, perfectamente merecedora del riesgo.

Pero no había riesgo, ese día no; o ninguno que Ray pudiera ver. ¿El archivador que Jay le había descrito, la caja colocada cerca de la mesa de la señorita Lane que contenía aquella carpeta azul extra gruesa? El jueves por la mañana había desaparecido. Ray estaba casi seguro de que los archivadores habían vuelto a secretaría y estaban guardados en un armario o en una habitación auxiliar, donde pasarían el resto del curso. Y Ray Grayson… no figuraba en ellos. Así de sencillo. No *figuraba*.

Y aquello a Ray no terminaba de hacerle gracia: desaparecer, ser borrado del mapa… ¿su nombre se había esfumado sin más? Sí, claro, era lo que estaba haciendo posible aquel día asombroso, lo que le estaba proporcionando aquel subidón, pero los sentimientos de Ray al respecto eran poco claros. Es decir, hasta que llegó a clase de ciencias después de comer.

Porque aquel día la señorita Abbott asignaba compañeros de laboratorio, y Jay Grayson fue emparejado con Melissa Rollins, lo que significaba que Ray se encontró sentado junto a la chica más guapa que jamás había visto.

Y que además le sonrió.

Era una sonrisa deslumbrante, y Melissa no intentó disimular lo que pensaba de Ray: lo encontraba… interesante. Y no era interesante porque tuviera un gemelo idéntico, era interesante por su cuenta. Él… Ray. Interesante.

Salvo que… esa chica pensaba que se llamaba Jay, como todos los demás. Repentinamente, sin embargo, lo que Melissa pensara de su nombre no le pareció tan importante: lo importante era su sonrisa y que le había sonreído a él, a Ray Grayson, porque daba igual cómo ella creyera que se llamaba; el chico que se sentaba su lado era Ray y nadie más que Ray.

Cuando la profesora estaba ocupada en la parte delantera del aula, Melissa se inclinó hacia él y susurró:

—¿Así que has venido hace poco a Clifton, no?

Otra sonrisa.

Ray asintió y contestó:

—Llegamos hace cuatro días.

—¿Te gusta? —preguntó ella.

Ray sonrió, asintió y respondió:

—Cada vez más.

Y hablaba en serio.

Cuando concluyó la clase de ciencias, Ray sentía que Melissa Rollins muy bien podría convertirse en parte fundamental de sexto curso.

En casa, Jay hablaba por teléfono con su madre: era la tercera vez que le llamaba para ver cómo iba todo, porque tanto ella como su padre habían tenido que irse a trabajar.

—Estoy bien, mamá, de verdad. Seguro que mañana puedo ir al colegio.

—Estupendo, cariño. Llegaremos a casa hacia las cinco, ¿de acuerdo? Haz el favor de sacar del congelador una bandeja de carne picada de medio quilo; esta noche vamos a cenar espagueti.

—Claro, mamá, no hay problema.

—Ahora escucha, Ray, no quiero que te retrases en el colegio, así que cuando Jay vuelva, asegúrate de que te da los deberes que tienes que hacer, y ponte a ello inmediatamente, ¿de acuerdo?

Jay contestó:

—Así lo haré.

—Muy bien. Luego nos vemos. Te quiero, Ray.

—Y yo a ti, mamá. Hasta luego.

Según colgaba, Jay intentó contar las veces que ya le había mentido a su madre aquel día. Perdió la cuenta entre quince y veinte.

Capítulo 7

LÍO

A las tres y veintisiete del jueves por la tarde, incluso antes de que Ray sacara su llave de la cerradura de la puerta de la cocina, Jay estaba a su lado acribillándolo a preguntas:

—¿Qué te parece? ¿Tenía o no tenía razón? ¿Lo has pasado bien? ¿Has conocido a chicos nuevos? ¿A que es genial? El colegio mola, ¿a que mola?

Ray sonrió.

—Es justo como dijiste. Casi me ha parecido como mi primer día de colegio… Algo nuevo de verdad.

—¿Te ha gustado James? Es un tío muy majo. ¿Has comido con él?

Ray asintió.

—Sí que me gusta. Y el otro también, el pelirrojo.

—Sean, ¿no?

—Eso, Sean. También es majo, y estuvo muy gracioso en la comida —dijo Ray, tras lo cual miró el desbarajuste de las encimeras de la cocina—. ¿Y tú qué has hecho en todo el día?

Jay sonrió.

—Ver un par de concursos por la tele, echarme una siesta, bajarme el juego ese del monopatín, comer, jugar con el juego hasta que me dolieron los pulgares, acabarme un libro y empezar otro, picar un poco, echarme otra siesta. Un día genial.

Ray frunció el ceño.

—¿Y qué pasa con el trabajo de sociales sobre las culturas antiguas que debemos entregar el miércoles que viene? ¿Has leído algo para eso? Porque hoy en clase, la señorita Fulton me ha parecido bastante cardo.

Jay se encogió de hombros.

—Tranqui… hay tiempo de sobra. Además, estoy enfermo, ¿recuerdas? ¿Y qué más ha pasado en el cole?

—No mucho —contestó Ray—, bueno… he conocido a una chica. En ciencias, esta tarde.

Jay fingió asombro, pero no lo sentía. Ray siempre estaba conociendo chicas.

—¡No me digas! Una chica. El primer día en su nuevo colegio, Ray conoce chica. ¿Y… te gusta?

Ray esbozó una sonrisita.

—Sip, más o menos.

—Qué interesante —dijo Jay—. ¿Cómo se llama?

—Melissa, es mi compañera de laboratorio. Y creo que yo también le gusto.

—¿Querrás decir que *le gustamos*, no?

La sonrisa de Ray se esfumó.

—No, quiero decir que le gusto. *Yo.*

—Exacto —repuso Jay—. Le gusta su nuevo compañero de laboratorio: Jay Grayson.

A Ray le llevó unos tres segundos derribar a Jay y pegarle la cara a las frías baldosas del suelo de la cocina.

—Le gusto *yo*, ¿te enteras? *Yo* —Ray hablaba apretando los dientes—. Y tú no me lo vas a jorobar, ¿lo pillas?

—Vale, vale —contestó Jay—. Prometo no dejar que me vea hurgándome nuestra nariz.

Ray le retorció el brazo.

—Va en serio, Jay.

Jay giró las piernas, desplazó el peso del cuerpo, empujó con el brazo libre y, tres segundos después, era la nariz de Ray la que estaba clavada al suelo. En cuestión de fuerza física, los gemelos iban a la par.

Jadeando un poco a causa del esfuerzo, Jay dijo:

—Si esa chica piensa que *tú* eres mono, se va a volver loca conmigo. No te preocupes. Formaremos un buen equipo. Pero avísame cuando empecéis a besuquearos, ¿vale? Para irme preparando.

Ray forcejeó, pero fue incapaz de liberarse.

—Te voy a matar, Jay.

—Puede que algún día, pero hoy no. Escucha, listillo… estoy bromeando, ¿vale? Bromeando. Seré amable con Melissa. *Tu* Melissa. Tregua, ¿vale? Tregua.

Ray asintió y dijo:

—Tregua.

Después de desenredarse, los chicos se sentaron en el suelo de la cocina, espalda contra espalda, respirando agitadamente.

Tras un minuto Ray dijo:

—¿Sabes qué? Creo que he tenido de sobra con un día. Quizá pueda fingir que estoy malo otro día más para que vayas otra vez solo mañana viernes. Si quieres. Pero el lunes deberíamos ir los dos y decirles a los de secretaría que han perdido a un alumno, porque estaba enfermo en casa y a ti se te olvidó darles la nota de mamá. ¿Quedamos en eso? El lunes yo me presento en el colegio y ellos encuentran mi expediente desaparecido y fin de la historia. ¿Hace?

—Así que… —dijo Jay— el lunes empezamos el curso de nuevo. Como gemelos. «Hola a todos, sorpresa: Somos los gemelos Ray y Jay». Como tú digas. El lunes, ¿no?

Ray no contestó enseguida, por lo que Jay continuó, eligiendo cuidadosamente las palabras:

—Si de mí dependiera, yo seguiría un poco más. Solo porque es muy… interesante. Y además es divertido y todo eso. Pero sobre todo es… muy distinto, lo de estar solo por ahí. Supongo que después del instituto iremos a distintas universidades, ¿no? Entonces estaremos solos, solos de verdad. Pero para eso falta mucho. ¿Y esto? Esto es ahora. ¿Es que no te has divertido?

Ray contestó:

—Claro que sí. Y también me gusta lo otro, lo de estar solo. Pero seguro que se estropea, tiene que estropearse. Y entonces, bum, problemazos. Grandes. Como kilométricos.

—Quizá no tanto —repuso Jay—. Más bien medianos. ¿Y por algo así? Yo creo que vale la pena.

Seguían sentados en el suelo, espalda contra espalda, como un par de sujetalibros.

—No sé —dijo Ray—. Es muy… lioso. Con los deberes y con los amigos y con todo.

—Y con esa chica, ¿no?

Ray oyó la sonrisa en la voz de su hermano, así que le dio un codazo en la espalda.

—No es solo por eso —contestó—. Es por… todo. Todo es un lío.

—A ver qué opinas de esto —dijo Jay—. ¿Qué tal si seguimos una semana más, solo hasta el viernes próximo? Entonces confesamos, decimos lo mucho que lo sentimos, explicamos lo que haya que explicar, y después volvemos a ser los gemelos de siempre. Pero vamos a ver qué pasa esa semana, ¿vale? Solo una. Hasta el viernes que viene.

Ray contestó:

—Estás como una regadera; lo sabes, ¿verdad? Que todo el mundo sepa que mi gemelo está loco, loco de atar.

Tras una larga pausa en la que Jay no dijo ni pío, Ray se echó a reír.

—Pues anda que yo —dijo—, yo estoy todavía peor, porque sabiendo lo majara que estás, dejo que me líes. Lo que me hace peor, mucho peor. Conozcan a Ray y Jay, los gemelos más pirados del universo. ¿Y el próximo viernes? El viernes seremos los gemelos más castigados de la historia de la humanidad.

—Puede —contestó Jay. Luego se levantó, extendió la mano y ayudó a Ray a ponerse en pie. Sin soltar la mano de su hermano, sonrió de oreja a oreja y añadió—: Pero ¿sabes qué te digo? Que va a ser una semana increíble, una semana inolvidable, quizá la mejor de nuestra vida.

—Y la más liosa —objetó Ray—. ¿Queda algo de comer o te lo has zampado todo? Porque ya me toca el picoteo post-escolar.

—Algo queda —contestó Jay—, y lo necesitas para reponer fuerzas. La última vez que mamá te ha llamado, o sea, que me ha llamado creyendo que eras tú, ha dicho que cuando yo volviera del colegio tú debías hacer todos los deberes para ponerte al día. Como le has dicho que te sentías mucho mejor, o sea, se lo he dicho yo, tienes un montón de deberes para mañana.

—¿Yo? —dijo Ray—. Ni hablar; los deberes los tendrás tú. Un porrón. Así es como funciona. Si no, abandono; quien vaya al colegio hace los deberes que toquen ese día. Y mañana es mi día libre. Aunque hoy he sacado unas notas estupendas, mucho mejores que las tuyas de ayer. A pesar de que eso de los factores en mates… eso casi me mata. Tienes que aplicarte al tomar apuntes, para que yo pueda aplicarme en los deberes cuando me toque hacerlos… lo que me tocará cuando vaya al colegio fingiendo que soy tú. El lunes.

Jay dijo:

—Vamos a comer algo, ¿vale? Ya concretaremos los detalles. Cuatro ojos ven más que dos, ¿no?

Mientras Ray abría el frigorífico, miró a Jay por encima del hombro y repuso:

—Yo empiezo a dudarlo.

Capítulo 8

EL CHICO DE CASA

Una hora antes del aula de curso del viernes, Ray y Jay se levantaron, se ducharon, se vistieron, hicieron sus camas, desayunaron, recogieron sus almuerzos y sus mochilas, se despidieron con un beso de sus padres y se marcharon al colegio.

Pero Ray tomó un desvío.

Nada más cerrar la puerta de la cocina, se agachó para pasar por debajo de las ventanas, cruzó pitando los arbustos, dobló la esquina al trote, se dirigió a la parte trasera de la casa, abrió la puerta del garaje y se coló dentro.

El jueves, antes de que sus padres regresaran a casa, Jay y Ray pasaron un tiempo en el garaje. Era para un solo coche, y estaba abarrotado de cajas de cartón sin desempaquetar. Recolocando el revoltijo, los hermanos vaciaron un área de unos dos metros cuadrados que cubrieron y rodearon de cajas. Fue casi como construir un iglú. Y dentro de ese iglú de cartón pusieron una silla plegable, una linterna, unos cuantos cómics, una vieja Game Boy y cinco o seis de los libros en rústica favoritos de Jay.

En consecuencia, después de abrirse camino hasta el garaje aquella mañana de viernes, Ray se puso a cuatro patas, retiró una caja, introdujo por el agujero su mochila antes de pasar él y se metió culebreando en la guarida. Después recolocó la caja para cubrir la entrada, fue palpando en la oscuridad hasta encontrar la silla, se puso en pie con precauciones y se sentó.

Y esperó, con la linterna apagada, sin atreverse casi a respirar, limitándose a escuchar los fuertes latidos de su corazón.

Diez minutos más tarde, que a él le parecieron horas, oyó que sus padres salían de casa y echaban la llave a la puerta de la cocina. Oyó cómo dos puertas de coche se abrían y se cerraban, y oyó que su viejo monovolumen arrancaba y se iba.

Entonces salió de su escondite, volvió a poner la caja que cubría la entrada y miró por una rendija de la puerta del garaje para asegurarse de que no había moros en la costa. Luego recorrió en dos zancadas el sendero que conducía a la puerta de la cocina, abrió con la llave que llevaba colgada al cuello y entró en casa.

En un dos por tres se encontraba despatarrado en el sofá del salón, disfrutando de un segundo bol de cereales. Al encender la tele descubrió que, en un canal de cine clásico, ponían unas viejas y estupendas películas policiacas: cuatro seguidas. Y a los cincuenta minutos de la primera se durmió como un tronco, desplomado sobre el sofá, con un cojín a modo de almohada.

Se despertó como una hora después, cuando un hombre con una cicatriz en la cara y un sombrero de ala ancha disparaba una inmensa ametralladora contra el lateral de un coche que se alejaba a toda mecha. Ray bostezó, se estiró, sonrió y volvió a cerrar los ojos mientras pensaba: «Sí, señor, esto es vida. Podría acostumbrarme».

Y por segundo día consecutivo, sintió algo que llevaba mucho tiempo sin sentir. Sintió que era fantástico tener un gemelo.

No obstante, cuando empezaba a adormilarse de nuevo, se preguntó qué estaría pasando en el colegio. Lo de quedarse en casa estaba bien, desde luego, pero no cabía duda de que la acción estaba en el colegio. Del todo.

Capítulo 9

DEBERES

Jay no sabía qué hacer. Estaba sentado en la primera clase del viernes, la de mates, y la chica esa acababa de sonreírle. No era la que había hablado sobre el problema de los factores primos en la clase del miércoles. Era otra, más guapa incluso, y le sonreía a él.

Hubiera querido devolverle la sonrisa. «Debe de ser Melissa, la que Ray conoció ayer», pensó, «Así que ¿no pasa nada si le sonrío, no? Pero... ¿y si no es ella?».

Tragó saliva, desvió la mirada y clavó los ojos en el tablón de anuncios para fingir que no la veía.

Deseó haberse fijado más en el nombre de sus compañeros cuando la señorita Pell pasaba lista, y deseó que Ray le hubiera dado una descripción más detallada de la chica.

«Si le sonrío y resulta que esta es otra, voy a complicarle las cosas a Ray. Y si le sonrío y es Melissa y se me acerca y me empieza a hablar después de clase, entonces... ¿qué le digo?»

Hablar con chicas no era el punto fuerte de Jay. En lo referente a ese tema sentía un respeto casi reverencial por su hermano, aunque jamás lo hubiera reconocido ante él. Pero era cierto. Ray siempre sabía qué decir, cómo tontear y cómo bromear, cómo mantener una conversación divertida y desenfadada. Y a las chicas parecía gustarles. En Colorado, Ray hasta se había echado una especie de novia en el último mes de quinto.

A Jay le interesaban las chicas tanto como a Ray, quizá incluso más, pero a Jay le gustaba admirarlas desde una distancia prudencial. Después de comer, en clase de ciencias, desentrañaría el misterio de la identidad de Melissa; quizá entonces se le ocurriera qué decirle.

Por eso en matemáticas mantuvo los ojos clavados en el libro, o en el cuaderno, o en la pantalla situada sobre el retroproyector donde la señorita Pell repasaba los tipos de expresiones algebraicas.

Y en realidad, necesitaba prestar mucha atención para explicárselo todo bien a su hermano, porque su hermano se desenvolvía mucho mejor con las chicas que con las mates.

Cuando faltaba poco para el final de la clase, Jay anotó los deberes para el lunes y, en la misma hoja, añadió:

> *Decirle a Ray lo de la chica que se*
> *sienta en mates en el segundo pupitre*
> *de la fila de las ventanas. Para ver si*
> *es Melissa.*

Pero después lo tachó mientras pensaba: «Qué tontería. Sabré si es Melissa al minuto de entrar en clase de ciencias».

Y escribió en su lugar:

> *Decirle a Ray que si la chica de mates*
> *que se sienta en el segundo pupitre de*
> *la fila de las ventanas no es Melissa,*
> *sea amable con ella si le sonríe.*

Pero lo volvió a tachar, porque sabía que Ray le tomaría el pelo, fuera quien fuese la chica.

Cuando acabó la clase, Jay evitó cualquier contacto con la compañera desconocida: se escabulló a toda prisa y se fue con James a clase de música.

Por lo visto, James conocía a todo el mundo, y a todo el mundo parecía caerle bien. Y algo como ser amigo de un chico popular era totalmente nuevo para Jay.

Mientras esperaban junto al aula de música a que tocara la campana, James dijo:

—Oye, ¿jugaste al fútbol el pasado año, cuando vivías en Colorado?

Jay asintió:

—Sip, un poco.

Lo que era cierto, sobre todo en lo de «un poco»: el único fútbol que había jugado, lo jugó en clase de gimnasia.

James dijo:

—Aquí hay un equipo en sexto. Bueno, es más bien un club. Sean también juega. El señor Parnell, el profesor de música, es el entrenador, y es bueno. Tú eres rápido; seguro que te daría un buen puesto, quizá incluso de delantero. Deberías venir al primer entrenamiento.

A Jay le asombró que James hubiera notado lo rápido que era, y le asombró aún más que le invitara a unirse al equipo, o club, o lo que fuera. ¿Un montón de tipos corriendo y pateando un balón? Sonaba divertido.

Por eso sonrió, asintió y dijo:

—Vale, iré. Será genial.

Al sonar la campana, mientras los alumnos tomaban asiento, Jay abrió el cuaderno en que apuntaba los deberes y anotó:

Decirle a Ray que debe fingir que le gusta el fútbol.

Esa tarde, justo antes de la sexta hora, Jay identificó a Melissa. Para ello se quedó junto a la puerta del aula de ciencias y localizó la mesa nueve (tercera mesa desde las ventanas, segunda fila desde el fondo). Y la chica sentada a la mesa nueve le produjo una verdadera sorpresa, una sorpresa doble, en realidad.

En primer lugar, aquella chica *no* era quien le había sonreído al principio de mates, lo que resultaba un alivio. Y en segundo lugar, le sorprendió que no fuese más guapa. Por cómo hablaba Ray de ella, Jay esperaba quedarse extasiado y embobado ante su belleza. Y no lo estaba. Así que pensó: «Es bastante mona. Eso sí. Por supuesto que sí».

Pero cuando Jay se sentó a la mesa nueve, la chica que se volvió hacia él para dedicarle una cálida sonrisa no le pareció tan especial. Para nada.

Aun así, le devolvió la sonrisa porque Ray quería que lo hiciera y dijo:

—Eh… hola.

Y Melissa contestó:

—Hola. Me encanta tu camiseta.

—Ah —dijo Jay—, eh… gracias. Y a mí… la tuya. Sí, es muy bonita.

Jay asintió, y aunque pensaba que ya había hablado lo suficiente, se sintió en la obligación de añadir algo más.

—Las camisetas son geniales —prosiguió—, sobre todo las azules, como la tuya. Porque… tu camiseta es azul, ¿no? —Melissa asintió y él siguió diciendo—: Sí, ya me parecía a mí… sí. Azul. Las camisetas azules… son realmente geniales. Sí. Azules.

Melissa no dejó de sonreír, pero su rostro se fue nublando poco a poco y su cabeza se ladeó con lentitud, de forma muy similar a la de un perro que observara un bicho reptante.

Jay conocía ese ladeo de cabeza, de otras chicas con las que había intentado hablar.

Antes de que se le escapara algo más sobre camisetas, la señorita Abbot llegó al rescate:

—Atención, silencio. Sobre las mesas están las hojas de ejercicios. Ya he rellenado varios pasos, pues se trata sobre todo de repasar el proceso científico. Los materiales necesarios están en las mesas alargadas del fondo. Los compañeros de trabajo pueden hablar, pero no es momento de charlas privadas. Ya se puede empezar y hay que reservar los cinco últimos minutos de clase para recogerlo todo.

Los papeles crujieron, las sillas se arrastraron y los chicos empezaron a pulular por el aula. Y, a pesar de la recomendación de la profesora, un murmullo de charlas invadió la clase.

Sin embargo, Jay estaba paralizado, tenía miedo de moverse, miedo de decir una sola palabra más a su compañera de laboratorio.

Pero Melissa se hizo con el mando:

—Toma, llévate esta hoja y vete a buscar lo que necesitamos, ¿vale?

Jay asintió.

—Sí, buena idea.

Apartó la silla de la mesa y se alejó apresuradamente para reunirse con la multitud de alumnos que se dirigían al fondo del aula. Y al volver, y durante los treinta y cinco minutos siguientes, lo único que hubo en la mesa nueve del laboratorio fue ciencia. Mero asunto escolar.

Al acabar la clase, a Jay le sorprendió la rapidez con la que Melissa recogió sus cosas y se marchó del laboratorio. Sin una sonrisa, sin un adiós.

En su cuaderno de deberes escribió:

Decirle a Ray que tiene que convencer a Melissa de que Jay no es un completo imbécil.

Y pensó: «El lunes va a ser un día muy duro para Ray».

Capítulo 10

A JORNADA COMPLETA

—Hoy es viernes… ¡nuestro primer fin de semana en Ohio! ¿Qué tal si tomamos una pizza y nos vemos una peli en el centro comercial? Y de paso podríamos comprar unas deportivas para mis dos hijitos… ¿Hace?

Sus padres acababan de llegar del trabajo, y quien hablaba era el padre de Jay y Ray, y había hecho una oferta que ningún tipo de sexto curso podía rechazar. Pero antes de responder, los chicos cruzaron rápidamente una mirada y en su cabeza saltó una alarma silenciosa. Hasta ese momento no habían caído en que no ser gemelos era una ocupación de veinticuatro horas.

Porque si en el colegio finges que no tienes un hermano gemelo, tienes que fingirlo en todas partes, sobre todo en el centro comercial un viernes por la tarde. Estaría plagado de escolares. Y de profesores.

Darse cuenta les llevó apenas medio segundo, y la mirada que cruzaron significaba: «¿Nos arriesgamos?».

Ray puso cara de «¡ni hablar!», pero Jay dijo:

—Hace, papá. Enseguida bajamos.

Ray siguió a Jay escaleras arriba hasta llegar a la habitación que compartían, donde, tras cerrar la puerta, arreó un mamporro al brazo de su hermano.

—¡Eh! ¿A qué viene eso? —protestó Jay.

—Viene a lo idiota que eres, a eso viene. El centro estará hasta los topes de chicos del colegio.

—Tranqui, tío. Lo tengo todo controlado.

Bajo la atenta mirada de Ray, Jay abrió el último cajón de su enorme armario y sacó una sudadera roja con capucha.

—Eso es mío —dijo Ray—, déjalo.

Jay sacudió la cabeza.

—Calla y mira.

Luego se quitó la camiseta que había llevado al colegio, se puso la sudadera, volvió al armario, buscó una gorra del Saint Louis Cardinals, también de Ray, y se la encasquetó casi hasta las orejas. Después agarró las falsas gafas de sol Oakley situadas sobre el lado del escritorio perteneciente a su hermano y se las colocó. Por último, se subió la capucha de la sudadera.

—¿Ves? —dijo—. Esta noche haremos creer a los papás que yo soy tú y tú eres yo. Y si nos encontramos con algún chico, pensará que soy un amigo tuyo, alguien que él no conoce. Y como tú serás Jay, si por casualidad nos topáramos con Melissa, no tendré que fingir que soy tú... fingiendo que eres yo. Sería mucha casualidad pero, si pasa, vas a tener que hacerle mucho la rosca.

—¿Por qué lo dices? —inquirió Ray, entrecerrando los ojos.

Jay no le había contado lo del laboratorio.

—Bueno, no creo que el verdadero Jay haya estado hoy tan fino como el falso Jay. En ciencias —respondió, y se apresuró a añadir—: No es nada horrible, ni nada de eso, pero el próximo Jay que hable con ella tienes que ser tú. Por narices.

Ray se quedó mirándolo fijamente.

—¿Y tú te crees que el disfracito ese va a engañar a papá y mamá?

—Apuesto a que sí. Toma, ponte la camiseta que he llevado al colegio y mi gorra de béisbol. Si papá o mamá son capaces de reconocernos, me quedo en casa y me como las sobras de espagueti; y me hago yo solo el trabajo de sociales. Pero déjame hablar a mí, ¿vale?

Ray puso los ojos en blanco, pero contestó:

—Vale.

Tras lo cual se disfrazó con la camiseta y la gorra azul de su hermano.

Cuando entraron al salón, la señora Grayson echó un vistazo a Jay y dijo:

—¿Gafas de sol? No creo que haya mucho sol en el centro comercial, Ray.

Y Jay contestó:

—Me gusta cómo me quedan.

Y su madre repuso:

—Pues tú mismo.

El señor Grayson se levantó del sofá.

—No sé por qué, pero yo estoy muerto de hambre. Vámonos ya.

Y la familia se encaminó hacia la puerta de la cocina.

Ray y Jay llegaron a la vez, por lo que Ray empujó a Jay para salir primero y, justo al salir, Jay empujó a Ray contra los arbustos y Ray estampó a Jay contra la pared del garaje, momento en que le quitó sin querer la gorra de béisbol.

—¡Ya está bien, chicos! —exclamó la señora Grayson. Luego se quedó mirando al de las gafas—. Ray, o dejas de hacer el burro ahora mismo o te quedas en casa, ¿entendido?

Jay señaló a su hermano y dijo:

—Ha empezado Jay.

Y al decirlo se dio cuenta de que si castigaban a alguien, sería a él mismo y no a su hermano.

Su padre abrió la puerta del monovolumen.

—Adentro, los dos —dijo, y señalando el tercer asiento añadió—: Jay, ponte detrás. Ray, siéntate en medio.

Así que Ray se sentó en el asiento trasero y Jay en el del medio. Mientras el coche salía del camino de acceso, Jay se dio la vuelta, se quitó las gafas de sol, le guiñó un ojo a Ray y le dedicó un pulgar hacia arriba: sus disfraces funcionaban de maravilla. De momento.

Capítulo 11

GUERREROS DE FIN DE SEMANA

La cena en el centro comercial se desarrolló sin incidentes; ningún escolar fue divisado en las proximidades del restaurante. ¿Y en el Cineplex? Ninguna dificultad: la sala estaba llena de perfectos desconocidos.

Fue tras la película, durante el largo camino que separaba el cine de la zapatería, cuando las cosas se complicaron.

Ray, vestido de Jay, y Jay, vestido de Ray, caminaban unos quince metros por detrás de sus padres, porque así les parecía que iban solos, cuando desde algún lugar de la sección de comida rápida, una voz chilló:

—¡Eh, Jay… espera!

Ray se detuvo y miró en torno, y allí estaba Sean con otros dos chicos del colegio, acercándose. Rápido.

¿Y qué hizo Jay cuando oyó la voz que gritaba su nombre? Él no se detuvo, no miró en torno, no reaccionó de manera alguna. Jay siguió andando, como un chico cualquiera con sudadera roja. Un segundo después giró bruscamente a la izquierda y cruzó la puerta de una inmensa tienda de entretenimiento.

Por eso, en el momento en que los señores Grayson se volvieron para ver quién llamaba a uno de sus hijos, creyeron ver a Jay, con su gorra azul, hablando con un chaval pelirrojo y otros dos chicos.

Pero a Ray no lo veían por ninguna parte. Y se preocuparon. Cuando perdían de vista a uno de sus hijos en un centro comercial se ponían de los nervios.

En cuanto Sean tuvo a Ray a tiro, preguntó:

—Eh, ¿cómo te va?

Ray sonrió y dijo:

—Bastante bien.

Lo que era mentira.

Al formar los cuatro chicos un círculo poco cerrado, Sean asintió en dirección a sus dos amigos.

—Este es Ed; lo has conocido hoy a la hora de comer. Y el *pringao* este es Kent.

Kent atizó un mamporro a Sean en el brazo y replicó:

—El *pringao* lo serás tú —y mirando a Ray, dijo—: Hola.

Ray asintió, y al echar un vistazo por encima del hombro, vio que sus padres se habían detenido y, a continuación, que su padre se le acercaba como una bala. Supuso que faltaban unos veinte segundos para el impacto, así que dijo:

—Ese que se acerca es mi padre. Tengo que ir a la zapatería.

Sean preguntó:

—¿Para comprarte botas de tacos?

Ray pareció confundido.

—¿De tacos? ¿Para qué?

—Para el fútbol. James dice que vas a ir al entrenamiento del lunes.

Ray asintió y dijo:

—Sí, claro. El lunes. Sí, necesito… botas de tacos.

Y pensó: «Esta me la pagas, Jay».

Sean dijo:

—Mira las Adidas. Cuestan un pastón, pero lo valen.

Ray asintió de nuevo.

—Adidas. Vale. Bueno, oye, tengo que irme con mi padre. Ya nos veremos.

—Vale —contestó Sean—. Nos vemos.

Y los tres chicos dieron media vuelta y se fueron por donde habían venido.

Cuatro segundos más tarde el padre de Ray estaba a su lado, con expresión preocupada.

—¿Dónde está Ray? —inquirió.

Ray dirigió un pulgar hacia la tienda de entretenimiento.

—Creo que allí.

Jay, que espiaba escondido tras el gran recortable en cartón de un extraterrestre babeante, salió a campo abierto, sonrió y saludó con la mano a su padre.

Su padre no le devolvió el saludo. Ni la sonrisa.

Jay salió de la tienda a todo correr y preguntó:

—¿Qué pasa?

—Lo que pasa —contestó su padre— es que hasta que volvamos al coche, tú vas a ir pegado a mamá y tú a mí, ¿entendido? Nada de meterse a escondidas en las tiendas ni de pasear por cuenta propia. Hala, andando.

—Tenemos doce años, papá —protestó Jay.

—Y por eso mismo haremos exactamente lo que yo diga. Andando.

Así que los chicos anduvieron.

Después de llegar donde esperaba su madre y de empezar a caminar los cuatro juntos, Ray le dijo a Jay:

—¿Sabes qué, Ray?

Y Jay contestó:

—¿Qué?

Y Ray dijo:

—Me voy a comprar unas botas de tacos.

—¿Botas de tacos? —repitió Jay—. ¿Para qué?

—Para el entrenamiento de fútbol. Después de clase. El lunes —dijo Ray—. Pero creo que ya lo sabías…, *Ray*.

Su madre, que iba en ese momento dos metros por delante, volvió la cabeza para mirar a Ray y dijo:

—¿Fútbol? Qué buena idea, Jay —tras lo cual, mirando a Jay, añadió—: ¿Y tú qué, Ray? ¿No estás en el equipo?

Y Jay dijo:

—Er, no. Solo está… Jay.

Su madre comentó:

—Pues estoy segura de que tú serías tan bueno jugando al fútbol como Jay. Deberías entrar en el equipo.

Hablando en nombre de Ray, Jay contestó:

—No me gusta jugar al fútbol, mamá. Solo mirarlo. Desde la tribuna descubierta.

—Deberías pensártelo —insistió su madre—, es un gran deporte.

Y cuando ella se dio la vuelta, Ray dijo:

—Sí, Ray, es un *gran* deporte.

Y al decir «gran», le dio un mamporro a Jay en el brazo. Con fuerza.

Después susurró:

—¿Hay algo más que quieras contarme? ¿Alguna otra sorpresita?

Jay cabeceó.

—No —susurró a su vez—. Melissa cree que Jay es medio lelo, y el lunes Jay va un entrenamiento de fútbol después de clase. Eso es todo.

No está mal para un solo día de trabajo, ¿eh? Me ha cundido.

Esa bromita le granjeó otro mamporro. De Ray, vestido de Jay.

Cuando Ray lo golpeó por segunda vez, Jay no dijo ¡ay! ni se agarró el brazo como acostumbraba, porque en ese momento le hubiera acarreado problemas.

En la zapatería, Ray, vestido de Jay, escogió unas botas de fútbol para el verdadero Jay. Y Jay, vestido de Ray, escogió un flamante par de deportivas para el verdadero Ray.

Salvo que el lunes el verdadero Ray llevaría sus nuevas deportivas al colegio y todos pensarían que eran de Jay; y también se pondría las botas nuevas del verdadero Jay, para el entrenamiento. Porque el lunes, el verdadero Ray volvería al colegio como falso Jay. Otra vez.

Es decir, si los hermanos Grayson sobrevivían al sábado y al domingo sin estrangularse mutuamente.

Capítulo 12

VUELTAS Y REVUELTAS

El sábado era un precioso día de septiembre: cielo azul, baja humedad y unos veinte grados de temperatura. Y eso quería decir que tocaba trabajar en el jardín, y en casa, y desempaquetando más cajas.

Y eso quería decir que Ray y Jay debían coordinar sus movimientos para no encontrarse en un mismo sitio del exterior al mismo tiempo. Eso era fundamental.

Porque, por ejemplo, mientras Ray cortaba el césped, un chico de su clase de gimnasia del jueves pasó por la calle montando en bicicleta y le saludó diciendo:

—Hola… ¡Vivo en la casa de al lado! Ya nos veremos.

Y mientras Jay colocaba la tercera pila de cajas vacías junto al contenedor de la esquina, una chica que recordaba de clase de música le saludó desde la ventanilla de un coche que pasaba.

Fue una mañana larga y ajetreada, y aún quedaba mucho por hacer. Mientras comían, a la una y media, su padre dijo:

—¿Qué tal si nos tomamos la tarde libre, nos acercamos al parque y jugamos un poco al béisbol?

Sonaba genial, de no ser por la regla sobre no dejarse ver en el mismo lugar al mismo tiempo. Ray y Jay subieron a su cuarto y, tras una breve discusión, acordaron lanzar una moneda al aire para ver quién se iba. Y ganó Ray.

Así que Jay tuvo que quedarse en casa, escondido. Puso como excusa que quería hacer el trabajo de sociales. Otra mentira… y gorda, porque nada le apetecía menos que pasarse la tarde investigando las culturas de Mesopotamia. Cerca de una hora después de trabajar a trompicones se tumbó en la cama y se echó un largo sueño.

Para Jay, lo mejor del sábado fue descubrir al despertarse que acababan de llevarles una gran bolsa de comida china y que la cena estaba servida.

En cuanto estuvo sentado a la mesa de la cocina, echó mano a su plato favorito: la galleta de la fortuna. Jay sabía que había que esperar al final para leerla, pero nunca lo había hecho.

Su madre dijo:

—¿Qué te deparará la suerte?

—Aquí dice: «Si tu camino se complica, no desesperes».

Su padre asintió:

—Buen consejo. ¿Me pasas los rollitos de primavera?

Debido al apetito familiar, apenas hubo charla en los cinco minutos siguientes. Cuando sonó el teléfono, nadie se levantó de un salto para responder, porque todos tenían la boca llena. El señor Grayson contestó al cuarto timbrazo.

—¿Diga?

Escuchó un momento y le tendió el auricular a Jay.

—Es un tal Alex.

Jay engulló de golpe un bocado de pollo y dijo.

—Alex… Hola.

—Hoja, Jay. ¿Estás cenando? Puedo llamar luego.

—No, no pasa nada.

—Quería saber si te apetece darle al palo. En la pista de hielo, mañana.

—¿Darle al palo?

—Sip. Mañana se puede patinar gratis, pero tienes que llevarte el palo y los discos. Y el casco. ¿Te vienes?

—Sí, claro —contestó Jay—, pero no tengo casco. Ni palo.

—Yo tengo de todo a montón —dijo Alex—. Te recogemos hacia la una, ¿vale? Nos lleva mi padre en coche.

—Estupendo, pero espera un minuto.

Cubrió el auricular del supletorio, miró a sus padres y dijo:

—Alex es un compañero de mi aula de curso y quiere que vaya a patinar con él mañana hacia la una, ¿está bien?

Su madre dijo:

—¿Y tu trabajo de sociales? Le he echado un vistazo y esta tarde te ha cundido más bien poco. Creo que es mejor que no vayas.

—Pero no tengo que entregarlo hasta el miércoles, mamá.

Ella meneó la cabeza.

—El domingo por la tarde es para los deberes, ya lo sabes. Y ese trabajo no está casi ni empezado.

Jay se apartó de la mesa y habló rápidamente por el auricular.

—Oye, Alex, ¿puedo llamarte en cinco minutos?

—Claro, cuando quieras. Hasta luego.

—Adiós.

Jay pulsó el botón de colgar y dejó el teléfono sobre la mesa.

Su madre cabeceó de nuevo.

—No voy a cambiar de idea: llama a ese chico ahora mismo.

Jay conocía aquel tono de voz.

—Vale —dijo con brusquedad, luego se apartó de la mesa, agarró el teléfono, subió dando zancadas a su habitación y cerró con un portazo. Allí se dejó caer sobre la cama y, mientras pulsaba el botón para volver a llamar, Ray entró en tromba en el cuarto y le arrancó el teléfono de las manos.

—¿Qué haces? —protestó Jay.

Ray se sentó en el borde de la cama.

—Oye —dijo—, sé que esto es un asco para ti, pero le he preguntado a mamá si podía ir a patinar con Alex en tu lugar. Ya que he acabado mis deberes y eso. Y me ha dicho que sí. Así que voy a llamarle yo, ¿vale?

Jay se sentó en la cama y miró fijamente a su hermano.

—¿Tú? Me ha invitado *a mí*, no a ti. Y la única razón por la que no he acabado mis deberes es porque soy el único que va realmente al colegio.

—No seas idiota —dijo Ray—. ¿Quién habló de hockey con Alex en el aula de curso el jueves? Yo. Así que me ha pedido a mí que vaya a patinar tanto como te lo ha pedido a ti. Y mañana todo lo que tengo que hacer es encontrarme con él en el camino de acceso. Tú no estarás a la vista, y él no notará ninguna diferencia. Además, patino infinitamente mejor que tú.

Jay quería arrebatarle el teléfono y estampárselo contra la nariz, pero se le ocurrió una idea mejor.

—¿Sabes qué? Esto irá bien: tú fingirás que eres yo y te quedarás en casa haciendo los deberes. Y en lo que respecta a mamá, serás tú quien vaya con Alex. Solo que quien irá seré yo. Y es lo justo puesto que soy quien se ha pasado toda la tarde en casa mientras tú jugabas al béisbol. Así que mañana yo me voy a patinar; es lo justo, ¿no?

Ray no contestó.

—¿No? —repitió Jay. Más alto.

—Bien —repuso Ray entre dientes, y le aplastó el teléfono contra la pierna—. Espero que te mueras de aburrimiento.

Y, tras levantarse, salió de la habitación hecho una furia.

Jay sintió la pierna algo dolorida mientras pulsaba el botón para volver a llamar, pero no le importó lo más mínimo, porque quien iba a patinar era *él*.

Se trataba sin duda de la solución más justa, y Ray lo sabía, así que antes de acostarse aquel sábado él y Jay concretaron los detalles para el intercambio.

El domingo, Jay vestía de nuevo la sudadera roja de Ray, más su gorra (el mismo atuendo que llevó al centro comercial el viernes por la tarde), y Ray vestía una de las camisetas azules de Jay y uno de sus vaqueros. Jay también había guardado los patines marcados con las iniciales de su hermano.

Poco antes de la una, Jay esperaba junto a la puerta principal con los patines en la mano, y Ray en el umbral del comedor.

—Oye —dijo Ray—, no dejes de preguntarle a Alex cómo se hacen los cruces; todavía no sabes hacerlos bien, y ayudan un montón a aumentar la velocidad.

Jay asintió y dijo:

—Sí, le preguntaré. Y la próxima vez podremos ir los tres juntos.

Era algo agradable para decirle al hermano que debía quedarse en casa.

Cuando la bocina de un coche sonó frente a la casa, Jay gritó:

—¡Ya están aquí! Me voy.

Su padre bajó el volumen del partido de béisbol que veía por la tele y gritó a su vez desde el salón:

—¡Que te diviertas! ¡Y no dejes que te paguen la entrada!

Jay sostuvo la puerta abierta mientras decía:

—No, papá.

Su madre lo llamó desde el despacho de arriba:

—Espera un segundo, cielo, ya bajo.

Al llegar miró por la puerta mosquitera y saludó en dirección al coche.

—Pórtate bien, ¿eh? Y nada de hacer el bruto.

—Que ya, mamá —contestó Jay, tras lo cual abrió la puerta mosquitera para salir.

Ray dijo:

—Hasta luego, Ray.

Y se dirigió a su habitación para hacer los deberes. Sin mirar atrás, Jay contestó:

—Hasta luego, Jay.

Y se dispuso a marcharse.

—Ah… Ray —dijo su madre—, no dejes que… —pero no acabó la frase, porque al decir «Ray», ambos chicos volvieron la cabeza hacia ella y preguntaron al unísono:

—¿Qué?

Ella miró ora al uno, ora al otro, y los volvió a mirar. Entonces sus ojos centellearon, agarró a Jay por el brazo y lo metió de nuevo al vestíbulo.

—Muy bonito —dijo.

Jay fingió sorpresa.

—¿El qué? ¿De qué hablas?

Su madre lo miraba atentamente.

—¿Es necesario hacer la prueba del lunar? —dijo, y dirigiéndose al chico de la escalera, añadió—: ¿Es necesario, *Ray*?

No había escapatoria. Su madre los había descubierto y se acabó.

Así que Ray dijo de inmediato:

—Solo quería hacerle un favor, mamá. Jay no fue ayer a jugar al béisbol, y quería ayudarle con su trabajo.

Ella meneó la cabeza.

—No. Quien debe quedarse en casa para hacer *su* trabajo es Jay.

—Pero… ¿y yo? ¿Puedo ir? ¿Por favor? —preguntó Ray.

Su madre se lo pensó un segundo y contestó:

—Sí, pero solo porque estoy segura de que el padre de Alex ha tenido que desviarse de su camino para venir a buscarte. Aunque esto no se acaba aquí: ya hablaremos después de esto. Ray, no los hagas esperar. Jay, vete arriba.

Jay le dio a Ray los patines, se quitó la gorra y la sudadera roja, que también entregó a su hermano, y subió a su habitación para hacer el trabajo de sociales.

Un segundo después oyó que se cerraba la puerta.

Pero al entrar en su habitación y sentarse a su escritorio y hojear su cuaderno abierto, no estaba enfadado con Ray por quitarle el puesto en el último segundo. Alex quería patinar con un amigo, y Ray era un excelente patinador. Se iban a divertir.

Aunque, mientras miraba la hoja de los deberes y observaba de nuevo la fecha de entrega, cayó en la cuenta de que quien haría el trabajo sería él… pero ¿quién entregaría ese trabajo el miércoles? Ray.

Porque el miércoles le tocaba colegio a Ray. El miércoles sería el día de Ray.

Y en opinión de Jay, todos los días empezaban a parecer los días de Ray.

Y eso sentaba bastante mal. De hecho, sacaba bastante de quicio.

Capítulo 13

TOP SECRET

El lunes Ray sacó a Jay de la cama a las siete y media de la mañana, y después le metió prisa para que pudieran irse al colegio veinte minutos antes. Y a Jay no le gustó. Eso significaba que *él* tendría que pasarse escondido veinte minutos más en el iglú de cartón del garaje. Aunque al menos no seguiría oyendo comentar a Ray lo bien que se lo había pasado con Alex. Jay estaba más que harto de los comentarios de Ray. De todos.

Pero a Ray no le importaba lo que pensara su hermano. Ray era un hombre con una misión matutina para el lunes. Debía encontrar a Melissa antes de ir al aula de curso para reparar el daño causado por Jay en la clase de ciencias del viernes.

Llegó al colegio antes que los autobuses y tomó posiciones en el vestíbulo, junto a la gran puerta de entrada. Desde allí controlaba toda la zona de descarga.

Le fue fácil divisar a Melissa. Salió del autobús número tres, con un gorro y una bufanda azul claro enmarcándole el rostro. Y al verla sonreír a una amiga, recordó cómo se había sentido cuando aquella sonrisa iba dirigida a él.

Además de ser bonita, Melissa, por lo visto, era popular. En cuanto bajó del autobús, cuatro chicas se arremolinaron a su alrededor, y el grupo entero se abrió paso hacia Ray. Cuando atravesaron el segundo par de puertas acristaladas, él esperó y esperó, y después se puso en movimiento para encontrarse casualmente con ellas.

—Melissa… Hola.

Melissa giró la cabeza, vio quien era, sonrió levemente y siguió su camino. No era el mismo tipo de sonrisa que le había dedicado el jueves. Y ni siquiera había dicho «hola».

Ray se puso a caminar a su lado.

—Oye, Melissa… ¿puedo hablar contigo un minuto?

Ray no sentía la menor timidez al hablar con las chicas, ni siquiera cuando había otras escuchando. Como era el caso.

Melissa siguió andando hacia el pasillo de sexto.

—¿Por qué? —preguntó—. ¿Te gusta… mi camiseta?

Dos de las chicas soltaron unas risitas, pero Ray se perdió la broma. Jay no le había contado los detalles de su desesperado intento de entablar conversación con Melissa el viernes.

Así que agitó la cabeza y dijo:

—No, es solo que… bueno, es algo bastante… triste. ¿Puedes guardar un secreto?

Ray estaba haciendo uso de su dilatada experiencia con las chicas. Entre otras cosas, había descubierto que pocas se resisten a escuchar una tragedia. Incluso pocas rechazan la ocasión de enterarse de algo íntimo. Y la combinación de ambos elementos era un detenedor de chicas infalible.

Y, como era de esperar, Melissa se detuvo y se volvió para mirar a Ray con renovado interés.

Este miró a las amigas de la chica y después al suelo.

Melissa captó el mensaje.

—Oye —les dijo—, nos vemos luego en el aula de curso, ¿vale?

Y el grupo se marchó cuchicheando y lanzando miraditas a Ray por encima del hombro.

Melissa se quedó frente a él, junto a las taquillas, a la entrada del pasillo de sexto. Ray veía la interrogación en sus ojos, que eran de un gris verdoso muy bonito.

Ese era el momento peliagudo, porque Ray no tenía ni idea de lo que iba a decirle.

Pero se le ocurrieron enseguida algunas cosas: «Puedo decirle que el viernes me caí de cabeza y que por eso estaba tan ido en ciencias. O… que a veces me da corte hablar con las chicas, sobre todo si son guapas… eso suena bien. O que se me murió el hámster el viernes por la mañana y estuve hecho polvo todo el día… pero no quería que nadie supiera cuánto lo había sentido para que no pensaran que era un llorica o algo así… Eso sería triste además de secreto».

Pero al estar allí, mirando a Melissa cara a cara, Ray sintió que era incapaz de mentirle. No quería inventarse un cuento chino. Parecía una buena chica, alguien que podía llegar a gustarle de verdad. Un montón.

Si se inventaba un cuento, tendría que inventarse otro para tapar el primero. Y después otro y otro más. Porque la verdad sobre Jay y él acabaría por salir a la luz. Pronto. Tal que el viernes. Y solo quedaban cuatro días. Y en el fondo, Ray sintió la certeza de que si en aquel momento empezaba a soltar una sarta de mentiras, ya podía olvidarse de ser amigo de Melissa, de ella y de cualquiera de sus compañeras.

Por eso respiró hondo, la miró a los ojos y dijo:

—¿Recuerdas el chico con el que hablaste el viernes en ciencias? Ese era Jay, Jay Grayson.

Melissa frunció con ímpetu el ceño.

—Sí… Jay. Ese eres tú… Jay.

Ray negó con la cabeza.

—Yo soy Ray. Y te vi el jueves, cuando nos pusieron de compañeros de laboratorio. Jay es... es mi hermano gemelo. Es que el colegio ha perdido mi expediente; ni siquiera saben que existe un Ray Grayson. Así que Jay y yo nos hemos estado turnando: hemos venido al colegio en días alternos. Y los dos hemos usado ese nombre... Jay. Y... ese es el secreto que quería contarte. Y lo triste es que hablaras con él el viernes en vez de conmigo, porque es que a veces Jay es un poco... pato.

La expresión de Melissa era difícil de descifrar: incredulidad, fascinación, confusión, aunque predominaba la fascinación. La chica era imaginativa. No se creía ni una palabra, pero estaba deseando que la convencieran.

—O sea —dijo—, ¿que uno de los dos se queda en casa? ¿Siempre que hay colegio?

Ray asintió. Luego le habló del escondite del garaje.

—Cuando mis padres se van a trabajar, el que se queda vuelve a entrar en casa. Come algo, ve una peli, duerme, lee; ya sabes, las cosas que se hacen en casa.

Melissa arrugó la nariz.

—Te lo estás inventando todo. Yo podría contarte lo mismo, que tengo una hermana gemela y todo eso. Clarissa, se llama. Y que ella es quien pensó que eras un poco... pato. El viernes.

—Bueno, sí, tú podrías decir lo mismo, pero, en fin, tú hablaste con Jay, ¿no? Y ahora estás hablando conmigo, Ray —dijo, y le dedicó su más arrebatadora sonrisa—. Te das cuenta de que somos dos personas distintas, ¿a que sí? Salvo en el físico, claro.

Melissa lo miró a la cara, vio su sonrisa tranquila y confiada, vio cómo mantenía su mirada interrogadora sin un ápice de ansiedad. Y Ray vio el cambio que experimentaban sus ojos. La chica se daba cuenta. Sabía que él no era Jay. En absoluto.

Casi en un susurro, Melissa dijo:

—O sea, que gemelos; gemelos, de verdad. ¿Y el otro? ¿Jay? Está en casa, ¿no? Escondido. *¡Qué guay!*

Ray asintió.

—Sí, lo sé, pero tienes que guardarnos el secreto, ¿vale? No debes contárselo a nadie, a nadie en absoluto. No vamos a decírselo al colegio hasta el viernes. Y seguro que nos metemos en un buen lío, pero teníamos que probar, ver lo que se sentía al ser uno, en lugar de ser siempre dos. Teníamos que hacerlo.

Mientras Ray hablaba, la expresión de Melissa volvió a cambiar, porque en ese momento también sentía preocupación por él, por lo del lío. Y había además un punto de admiración, pues el peligro le daba a Ray un aire de proscrito, de rebelde, de temerario. Y ese toque de aventura resultaba irresistible.

Ray vio todo eso en su cara, y todo eso sacó al actor que llevaba dentro.

Componiendo una mirada de profunda nostalgia, afirmó:

—Sip, vivimos a tope cada día, porque en cualquier momento nos puede caer una buena.

Los ojos de Melissa se agrandaron.

—Ten mucho cuidado —susurró.

Ray hizo una pausa dramática, en la que buscó los ojos de la chica. Después, mirándola intensamente, añadió:

—Pero en ti puedo confiar, ¿verdad?

Ella asintió.

—Claro. Claro que puedes.

—Bien. Escucha, nos vemos en ciencias, ¿vale? Y puede que a la hora de comer.

Ella asintió de nuevo.

—Y a la hora de comer.

—Bien. Hasta luego, Melissa.

—Hasta luego… Jay —y dedicó a Ray una de sus sonrisas de un millón de dólares.

Al dirigirse hacia su aula de curso, Ray se sentía como el rey de Ohio.

En matemáticas, quince minutos después, vio a la chica sobre la que Jay le había hablado. Y cuando la profesora pasó lista se enteró de su nombre: Julie Parkman. A Ray le pareció que no era ni la mitad de guapa que Melissa, pero le sonrió de todas formas y buscó la forma de hablar con ella después de clase. Y fue amistoso, aunque no a su modo, sino al modo de Jay: algo rígido, un poco reservado, bastante inseguro. Porque Ray no quería arruinarle el asunto a Jay haciéndole creer a la chica que Jay iba a ser como su hermano. Algo así no ocurriría jamás.

Al decir «Hasta luego» a Julie, no le preocupaba que Melissa descubriera que había estado hablando con otra chica, ni lo más mínimo, ya que ahora podía explicarle que le hablaba únicamente para tener un detalle con su hermano. Lo que era la pura verdad.

Mientras se dirigía por el pasillo al aula de música, además de que seguía sintiéndose el rey de Ohio, se sentía capaz de ganar la Maratón de Boston. Y de escalar el Everest a continuación.

En realidad, el día le fue de maravilla, especialmente por la charla secreta que mantuvo con Melissa durante el recreo de la comida cerca de las pistas para jugar al cuatro por cuatro, y más especialmente aun por el tiempo que pasó sentado junto a ella en clase de ciencias.

Incluso durante el entrenamiento de fútbol se sintió fantásticamente bien, e hizo todo lo posible por fingir que dicho deporte era algo más que corretear a tontas y a locas por un campo grande. Corrió con ganas y tratando de convencer a todo el mundo de que sabía el porqué. Hasta se despellejó la rodilla al hacer una entrada para robar el balón y ni se quejó ni nada. Y lo hizo todo por Jay, porque le estaba agradecido.

Porque si Jay no se hubiera comportado con Melissa como un absoluto ceporro el viernes, Ray no habría podido contarle la verdad el lunes. Y se sentía así de bien por decirle la verdad. Y también Melissa se sentía bien, porque había confiado en ella.

Y aunque Melissa era una persona especial, puesto que conocía su secreto, Ray se sintió él mismo durante todo el día, a pesar de que sus compañeros lo llamaran Jay.

Porque Melissa Rollins sabía quién era él. Lo sabía.

Y encima estaba claro que él le gustaba; *él*, Ray Grayson.

Capítulo 14

NO TAN SECRETO

A la hora de comer del lunes, Melissa tenía problemas. Y los problemas se debían al secreto que guardaba. Porque el Jay del lunes no era Jay en absoluto, ese día no. Era el hermano gemelo de Jay, Ray. Y en realidad, Ray era el chico que le había gustado un montón el jueves. Porque ese día, Jay era Ray. Así que en el Colegio de primaria Taft no había solo un chico mono, sino dos, y eran exactamente iguales. Y ser la única persona del colegio que lo sabía… Melissa no había guardado jamás un secreto así; se moría por contárselo a alguien. A quien fuera.

Pero… le había prometido a Ray que no diría nada. Y quería cumplir su promesa. Y lo haría. En serio.

No obstante, para Melissa, ese secreto era como el billete de veinte dólares que su tía le había regalado por su cumpleaños. En aquel momento fue consciente de que debía guardarlo en un lugar seguro, como el banco, pero en lugar de eso, se lo llevó a otro sitio, al centro comercial para más señas.

¿Y aquí y ahora? La cafetería del colegio era igualita que el centro comercial: el lugar perfecto para gastarse un secreto. Así que Melissa empezó a buscar un par de oídos. Oídos pertenecientes a alguien en quien pudiera confiar, alguien que no fuese un bocazas. Mientras tiraba al contenedor su bandeja después de comer, miró a su alrededor y saludó a su amiga Caroline, tras lo cual le indicó por señas que se acercara, rápido.

Y apoyadas en la pared, bajo el póster de los grupos alimentarios, las dos chicas compartieron cuarenta y cinco segundos de cuchicheos y asentimientos frenéticos. Y cuando acabaron, la boca de Caroline estaba abierta de par en par. Ya sabía el secreto, sabía que Jay tenía un hermano gemelo idéntico llamado Ray que venía al colegio en días alternos, y que esos gemelos increíblemente monos habían engañado a todos los profesores, haciéndoles creer que eran la misma persona. Y, por supuesto, lo último que dijo Melissa fue:

—Tienes que prometerme que no se lo dirás a nadie, ¿vale? Absolutamente a nadie, ¿prometido?

Y Caroline se lo prometió.

Cinco minutos después, en el patio de recreo, Caroline vio a Ray y a Melissa hablando cerca de las pistas de cuatro por cuatro, los vio asintiendo y sonriéndose… Era tan romántico… Casi peligroso, porque ese chico parecía una especie de espía o de agente secreto. Y de repente Caroline sintió el irrefrenable deseo de contárselo a su mejor amiga: Brianna. Y entonces decidió que su promesa no afectaba a Brianna, porque en ella se podía confiar. Del todo. Por eso al volver a las taquillas después del recreo, Brianna se enteró de la historia al completo.

—¿Tiene un gemelo? —jadeó—. ¿Ese chico tan tímido? ¿El de mi clase de mates? ¿Y se lo ha contado a Melissa? ¿Porque a este le gusta Melissa? Qué cosa más tierna… ¿no? No te preocupes, no diré ni palabra. De verdad. Te lo prometo.

Y Brianna cumplió su promesa durante al menos siete minutos. Y mientas le susurraba a su amiga Lori que Caroline le había dicho que Melissa le había contado lo que ese chico llamado Ray le había confesado, ¿pensó Brianna que estaba traicionando la confianza de Caroline? Para nada. Porque Brianna estaba segura de que Lori sabía mantener la boca cerrada.

Durante la clase de ciencias, mientras Melissa y el chico conocido como Jay compartían mesa en el laboratorio, Brianna y Lori no les quitaban ojo. Cada vez que el chico y Melissa cuchicheaban, Brianna y

Lori se miraban y se dedicaban un guiño o un asentimiento de cabeza o una sonrisa, pues ese chico de la mesa nueve no era quien fingía ser.

La noticia secreta sobre los gemelos Grayson fue compartida tres o cuatro veces más durante el lunes por la tarde, de modo que después de clase, al tiempo que el autobús número cuatro salía del aparcamiento, una chica llamada Jenny le susurraba a su mejor amiga LeeAnn:

—Si prometes guardar el secreto, te cuento una cosa sobre ese chico nuevo de la clase de sociales, ese que se llama Jay.

LeeAnn asintió y susurró a su vez:

—Te refieres a lo de que tiene un gemelo, y a eso de que él y su hermano han engañado a todo el mundo. Me he enterado en gimnasia, por Carrie. Es increíble, ¿no?

Y entonces, Jenny miró hacia fuera, agarró el hombro de LeeAnn y señaló a un chico que caminaba por la acera de Baker Street.

—¡Ooh, mira! ¡Mira! —exclamó—. ¡Ahí lo tienes! ¡Ese es!

Y LeeAnn se levantó de un salto y gritó por la ventanilla:

—¡Hola, Jay!

El chico giró bruscamente la cabeza hacia el autobús; parecía sorprendido, pero sonrió y saludó con la mano. Ambas chicas se desplomaron en sus asientos, entre un ataque de risitas.

Mientras Jenny miraba por encima del hombro, musitó:

—¿Será realmente Jay o será *el otro*?

LeeAnn se encogió de hombros.

—Esa es la cuestión… ¡no hay forma de saberlo!

Y las chicas siguieron con las risas.

Capítulo 15

RAYDAD

El martes por la tarde, mientras se arrastraba por el pasillo, Jay hubiera dado cualquier cosa por un simulacro de incendio, o una asamblea urgente de todo el colegio, o el súbito ataque de unos insectos extraterrestres, gigantes y *humanívoros*, cualquier cosa que impidiera el desarrollo de la clase de ciencias porque, si no, tendría que pasarse otra hora entera sentado junto a Melissa.

«Como Ray vino ayer», pensó, «y lo arregló todo con ella, la chica se esperará que esté normal, y no como suelo estar».

En cualquier caso, llevaba todo el día pendiente de las chicas. Desde primera hora había sentido cosas muy raras. Le daba la impresión de que las chicas no hacían más que mirarlo, no fijamente ni nada de eso, sino como a hurtadillas, una miradita por aquí, otra por allá… Y Jay no estaba acostumbrado a eso. No a menos que estuviese en compañía de Ray. Si los dos iban juntos, no era raro que las chicas los miraran, en absoluto. Jay era consciente de que los dos tenían más o menos buena pinta. Lo sabía. Y al ir en pareja, lo de ser gemelos impresionaba. Las chicas se fijaban en ellos, como todos los demás.

Pero esto era diferente. Lo miraban a él. Y encima cuchicheaban entre sí. Sobre él. Raro.

Llevaba toda la mañana intentando quitárselo de la cabeza. Si las chicas querían mirarle y cuchichear, él no podía evitarlo. Chicas. Ellas sí que eran un misterio.

Sin embargo… en la clase de matemáticas del martes por la mañana le fue increíblemente bien con Julie Parkman. Él le dijo hola antes de clase, y ella le sonrió. Y al acabar la clase, fueron juntos al aula de arte. Y hasta hablaron un poco. Sobre todo de mates, pero aun así: había hablado con una chica durante al menos dos minutos. Y durante todo ese tiempo se había sentido tranquilo y seguro de sí, se había comportado tal como era. Con Julie resultaba fácil hablar. No se sentía agobiado.

Pero con Melissa sería distinto. Cuanto más se acercaba al aula de ciencias, más le sudaban las axilas y las manos. «Solo tengo que fingir que soy como Ray, nada más. Algo así como relajado y encantador. Y sin complicaciones. Como Ray», se dijo.

Al atisbar la clase desde la entrada y ver que Melissa no había llegado aún, corrió hacia la mesa nueve, tomó asiento y rebuscó sus deberes en la mochila. Pero no se sentía en absoluto como Ray. Se sentía como él mismo, inseguro y aterrado.

Y estaba aterrado porque ignoraba un dato crucial: que Melissa sabía su secreto. Y lo ignoraba porque Ray no se lo había dicho. Y Ray no se lo había dicho porque estaba seguro de que, si se lo decía, Jay se habría subido por las paredes, aunque le hubiera contado el secreto a alguien tan de fiar como Melissa. Por eso le había pedido a Melissa que no le diera a entender que lo sabía todo.

En consecuencia, mientras Jay estaba aterrado por tener que comportarse como Ray durante una hora entera, Melissa estaba encantada por poder observar de cerca durante toda una hora al verdadero Jay Grayson. ¿Y lo de que él no supiera que ella lo sabía? Era un secreto absolutamente delicioso.

Pero Melissa ignoraba que mientras estuviera al lado de Jay, tres o cuatro compañeras de clase también observarían y escucharían disimuladamente.

Cuando la chica entró corriendo al sonar la campana y se sentó junto a él, Jay seguía sin saber qué hacer, ni qué decir, ni cómo actuar. «Sé como Ray», se dijo. «Sé como Ray».

Siguiendo su propio consejo, se puso una sonrisa tipo Ray, miró de reojo a Melissa y preguntó:

—Hey, ¿cómo te va?

Y Melissa pensó: «Está tratando de parecerse a su hermano… ¡Qué mono!». Así que le dedicó una sonrisa de oreja a oreja y contestó:

—Bien, genial.

Jay asintió en dirección a sus deberes de esa manera despreocupada en que asentía Ray tantas veces y dijo:

—Vaya trabajito, ¿eh? ¿Qué te sale en el tercer problema?

Melissa no dejó de sonreírle mientras sacaba de su mochila un archivador amarillo con tres anillas, lo abría sobre la mesa, lo hojeaba por el separador donde ponía «deberes» y pasaba el índice por una hoja. Entonces contestó:

—Nitrógeno, ¿no? Por lo de los cinco electrones.

Jay se quedó mirando la uña de Melissa, completamente hipnotizado por los restos de un esmalte rosa rabioso, pero se las apañó para contestar:

—Sip, nitrógeno. A mí me sale lo mismo.

Y lo dijo como lo hubiera dicho Ray, o como imaginaba que lo habría dicho Ray.

Y Melissa le dedicó otra de sus sonrisas kilométricas.

Y Jay se la devolvió. «Oh, sí», pensó, «lo estoy clavando. Estoy siendo tope-guay; no, estoy siendo Ray-guay».

La clase de ciencias pasaba volando alegremente, y Jay jamás se había divertido tanto al hablar con una chica. Se sentía como si tuviera una amiga de verdad. Al empezar con el nuevo ejercicio del laboratorio, se tranquilizó por completo. Era relajado, desenvuelto, divertido y muy encantador. Muy Ray. ¿Y Melissa? En su opinión, se lo estaba tragando todo; con cucharita. No hacía más que sonreírle, y cuanto más trataba de imitar a Ray, más le sonreía.

Jay tuvo que admitir que Melissa le parecía mucho más maja que el viernes, pero aun así Julie Parkman le daba mil vueltas. No obstante, ya tendría tiempo de pensar en Julie; esta aventura basada en la *raydad* le estaba dando toda clase de ideas. De repente le resultó obvio que podía ser mucho más guay y desenfadado de lo que creía posible.

«En lo referente a las chicas», pensó, «Jay es el nuevo Ray: nuevo y mejorado. ¡Y el curso acaba de empezar!»

Cuando acabó la clase de ciencias, le sonrió a Melissa y dijo:

—Hasta mañana.

Y deseó que fuese cierto, pero no lo era. Porque mañana, quien se sentaría a la mesa nueve sería el otro Jay.

A pesar de todo, mientras se adentraba en el abarrotado pasillo y se dirigía con James a clase de gimnasia, se sentía en la cima del mundo.

Y esperaba con ansiedad el entrenamiento de fútbol. Estaba deseando enseñarle a James cómo jugaba el verdadero Jay.

Capítulo 16

LOS PEQUEÑOS DETALLES

Durante su segunda vuelta a la gran pista oval situada detrás del colegio, Jay recordó exactamente por qué no había querido entrar nunca en un equipo de fútbol: demasiadas carreras, pero que demasiadas. No obstante, le pareció que se le estaba dando bien; no tenía problemas para seguir el ritmo de James. «No está mal para mi primer entrenamiento», se dijo.

En realidad, los dos iban en cabeza, casi treinta metros por delante de los demás, y eso también le sentó bien a Jay. En lo referente a los deportes, no tenía obligación de ser como Ray, más bien sería Ray quien debería imitarlo.

En la primera vuelta, él y James habían hablado un poco mientras corrían, sobre todo de béisbol. James era fan del Cleveland Indians, y a Jay le gustaba el Colorado Rockies, y ninguno de los dos equipos participaba en las finales. Por eso se divirtieron comparando los mejores y los peores pitchers, los mejores y los peores bateadores, los mejores y los peores campeonatos de liga. La conversación fue intermitente hasta que necesitaron todo el aire para correr, y la segunda vuelta resultó prácticamente silenciosa.

Pero al inicio de la tercera, James le echó una ojeada y dijo:

—¿Cómo va tu rodilla?

—¿Mi rodilla?

—Sí, del golpe de ayer. Cojeaste un buen rato. Tenía mala pinta… la sangre de tu calcetín y todo eso. Creí que ibas a traerla vendada.

—Ah… eso —contestó Jay, y fingió que necesitaba jadear de cinco a diez segundos a fin de pensar en algo. Después dijo—: Parecía peor de lo que era. Ese tipo de cosas se me curan rapidísimo. Ya casi no se ve.

James le echó otro vistazo y asintió, pero no hizo ningún comentario. Tras recorrer otros treinta metros, preguntó:

—¿Conoces ya a mis hermanos pequeños?

—No —respondió Jay—. Acabo de trasladarme a vivir aquí, ya sabes.

—Pensaba que los habrías visto por el colegio. Se parecen mucho a mí. Robert y Edward. Son gemelos y completamente idénticos.

Jay giró de golpe la cabeza para mirarlo y estuvo a punto de tropezarse, pero James seguía corriendo y mirando al frente, sin expresión alguna.

Jay hizo lo posible para no alterar la voz.

—¿Gemelos, eh? ¿Y qué tal es eso?

James dio al menos diez zancadas antes de contestar:

—Bastante divertido. Son buenos chavalitos. Nadie es capaz de distinguirlos, a veces ni siquiera nuestros padres, pero yo siempre puedo hacerlo.

Jay lo miró de reojo.

—¿Cómo?

—No estoy seguro, pero lo hago. Son distintos —contestó James, y tras unas cuantas zancadas más añadió—: Veo un montón de pequeños detalles, porque se me da bien notar ese tipo de cosas. Me lo dice hasta el profesor de arte, que sé mirar. Como cualquier artista, supongo.

—¿Se te da bien el arte? ¿El dibujo y la pintura y eso? —Jay estaba deseando de cambiar de tema—. Yo soy un desastre. ¿Sabes dibujar caras? Yo soy incapaz.

Pero James siguió a lo suyo:

—Edward y Robert no son idénticos, solo *lo parecen*. Si te fijas en los detalles, ves que son niños muy distintos; y aunque solo te fijes en lo evidente, como una rodilla despellejada.

Jay se paró en seco, y lo mismo hizo James. Luego salieron de la pista y se quedaron sobre la hierba, jadeando, mientras los otros doce chicos pasaban por su lado entre resoplidos.

—Entonces… —dijo Jay—, uf, ¿desde cuándo lo sabes?

James esbozó una sonrisa.

—¿Con seguridad? Desde hoy, cuando hemos empezado a correr. No había la menor señal en tu rodilla. Además, tú eres mucho más rápido, y tu paso es muy distinto. Y no balanceas los codos en alto como una gallina, igual que el otro.

—El otro es Ray. ¿A que parece mentira que nuestros padres nos pusieran Jay y Ray?

Desde la otra punta del campo, un agudo pitido de silbato del entrenador los obligó a volver a la pista. Y mientras terminaban la tercera vuelta, Jay se lo contó todo y le hizo prometer que no se lo contaría a nadie.

Al ponerse unas camisetas amarillas para empezar el partido, Jay dijo:

—Oye, no se lo digas tampoco a Ray, ¿vale? Él ni siquiera quería hacer esto, así que se pondría el doble de nervioso si supiera que alguien más está en el ajo.

James sonrió y asintió.

—No te preocupes. No se lo diré… siempre que tú no digas ni una sola palabra de esto a mis hermanos.

Ambos se rieron un poco, y James añadió:

—Me parece genial, ¿sabes?, eso de venir uno solo al colegio. Si yo pudiera venir al colegio en días alternos, no me lo pensaría.

Jay asintió, y hubiera querido decirle:

«Sí, pero no se trata de eso, no es por quedarse en casa ni por engañar a nadie. Ray y yo solo intentamos hacer cosas por nuestra cuenta. Y lo mejor no es quedarse en casa, sino estar en el colegio, haciendo cosas como esta, como esto de ahora».

Pero no lo dijo, porque la mayor parte de los chicos no lo hubiera entendido. Eran cosas de gemelos.

Por eso lo que dijo fue:

—Sip, pero al mismo tiempo es raro. Y cuando acabe… vete a saber qué pasará. El viernes pensamos dejarlo. Ese día va a ser la bomba.

El entrenador los llamó para que ocuparan sus puestos, por lo que dejaron de hablar, pero esa frase se quedó grabada en la cabeza de Jay, y él se la repitió: «Ese día va a ser la bomba».

Aunque en eso se equivocaba, porque en el Colegio de primaria Taft había otras fuerzas en movimiento.

Ni Jay ni Ray tenían la menor idea de lo que se avecinaba, ni de cuándo llegaría.

Pero llegaría, y pronto.

Muy pronto.

Capítulo 17

PESQUISAS

La puerta de la señora Cardiff estaba siempre abierta, y sobre el umbral de esa puerta abierta había un cartel: Enfermería.

Mucho más pequeña que una clase, la enfermería no era un sitio lujoso: cuadros y pósters sobre las paredes pintadas de amarillo, un desvaído escritorio de roble con una silla rodante, tres archivadores, una camilla de vinilo, un biombo, una báscula y tres sillas de varios tamaños para pacientes de distintas tallas. Aunque, eso sí, la enfermería era la única dependencia del colegio con baño privado.

La señora Cardiff era una enfermera excelente, lo que significa que era en parte madraza, en parte educadora y en parte detective. Y a veces también actuaba como abogada de los niños, como árbitro entre padres y profesores, y, si era preciso, como experta en rescates y primeros auxilios.

Y cuando debía hacerlo, convocaba a la máxima autoridad del Consejo Escolar de Salud de Ohio mediante una llamada de teléfono. A Emma Cardiff, enfermera, no se le ponía nada por delante.

La señora Cardiff pasaba gran parte del día junto a su puerta abierta, situada en la intersección de los pasillos principales, cerca de la entrada del colegio. Vigilaba a los niños cuando llegaban por la mañana, cuando iban a la cafetería y volvían, y cuando se marchaban corriendo al acabar las clases.

Si algún alumno le parecía demasiado flaco o demasiado gordo, tomaba nota. Si otro le parecía agotado o extrañamente activo, le seguía la pista. Si uno cojeaba o bizqueaba o se rascaba o tosía, investigaba el caso. Rara vez se le escapaba algo, porque deseaba que sus niños fuesen felices y se encontraran bien. Aquel era su trabajo, por supuesto, pero significaba mucho más.

Al principio de su carrera, estuvo trabajando unos años en la sala de pediatría de un hospital de Cleveland y, precisamente en aquellos tiempos, ella y su marido quisieron fundar su propia familia, pero no les fue posible. Por eso cuando ocupó su puesto en Clifton y tuvo la oportunidad de ver a los mismos niños día tras día y año tras año, de observar cómo crecían y cambiaban, llegó a amarlos como si fueran propios. Y también había llegado a conocer a los padres que confiaban a diario el cuidado de sus hijos al colegio, por lo que era muy consciente de su responsabilidad.

Si alguien tratara de hacer el menor daño a cualquiera de sus trescientos cuarenta y seis hijos, ya podía encomendarse a todos los santos. Sus cálidas alas maternas se tornarían en zarpas de leona en un decir Jesús.

Al empezar el curso, la señora Cardiff prestaba especial atención a los ojos y los oídos de los niños. Tenía algunos estudiantes en una «lista de control», para hacerles un seguimiento desde el otoño. Y algunos profesores le derivaban alumnos que podían necesitar pruebas de visión o audición. Pero también se fijaba atentamente en los que venían de otros colegios, los que llegaban al municipio antes del inicio del año lectivo.

¿Y esa caja que Jay había visto en su aula de curso? ¿La que contenía los expedientes de los alumnos, los expedientes que, según Ray, estarían guardados el resto del año? Esa caja no había sido guardada en absoluto. Las cajas de todos los cursos estaban apiladas en un pequeño cuarto anejo a la enfermería, y como un detective en busca de pistas, la señora Cardiff llevaba años repasando minuciosamente su contenido.

Ese año empezó por los expedientes de sexto, como acostumbraba, y los miró bien para dar con nuevos temas de salud. Luego, además de sacar los de su lista de control, se quedó con los de los chicos que venían de otros centros.

Más tarde hizo el mismo tipo de búsqueda en las cajas de los demás cursos. Cuando tuvo todos los expedientes que deseaba examinar, los dejó junto a su escritorio y empezó a revisarlos, comenzando otra vez por los de sexto.

Por esta razón, el miércoles por la mañana, veinte minutos antes de la llegada de los primeros autobuses, la enfermera abrió la gruesa carpeta azul de un alumno llamado Grayson, Jay Ray.

Menos de diez minutos después convocaba una reunión urgente con la directora y la profesora encargada del curso de Jay, la señorita Lane.

Porque no hacía falta ser un Sherlock Holmes para darse cuenta de que pasaba algo muy raro con el expediente de Grayson; algo muy, pero que muy raro.

Capítulo 18

LA SITUACIÓN

La señora Karen Lonsdale ocupaba el escritorio de su despacho de directora, con el expediente de los Grayson abierto ante ella. Sostenía dos pequeñas fotos, una en cada mano, que miraba y remiraba alternativamente. Al cabo de un momento levantó la vista hacia la señorita Lane.

—¿Y de estos chicos solo viene uno al colegio? ¿Desde el martes pasado?

La encargada de curso asintió.

Mirando a la enfermera, la directora dijo:

—¿Ha intentado hablar con los padres?

La señora Cardiff meneó la cabeza y contestó:

—Quería hablar antes con ustedes dos. En el expediente no hay nada que lo indique, pero es posible que se trate de una situación de divorcio, y quizá haya algún tema de custodia que nos es desconocido. No hay constancia de que ninguno de los padres haya venido por el colegio, así que no sé qué pensar.

La directora dijo:

—¿Deberíamos llamar a la agencia de protección de la infancia? ¿O a la policía? Porque lo único que sabemos con seguridad es que hemos perdido a un niño. Jay Grayson lleva una semana asistiendo a clase, y ni el chico ni sus padres han dicho una palabra sobre el hermano. Ni notas ni explicaciones de ningún tipo. ¿Cómo se llama el otro?

—Ray —contestó la señora Cardiff—. Uno se llama Jay y el otro Ray.

Volviéndose hacia la señorita Lane, la directora frunció el ceño y espetó:

—Lo que quisiera saber es por qué no se dio usted cuenta de esto cuando vio los expedientes de sus alumnos la pasada semana.

La señorita Lane parecía muy afectada.

—Bueno, yo… miré todos los expedientes, pero no los estudié en profundidad, y supongo que…

—A mí también estuvo a punto de pasárseme, Karen —interrumpió la enfermera—. Uno de los chicos se llama Jay Ray y el otro Ray Jay, y todas las fotos del expediente son idénticas. En Colorado, alguien debió de meter los dos expedientes en el mismo sobre, y cuando llegó aquí por correo debía de dar la impresión de que se trataba de uno solo. La secretaria de distrito no se dio cuenta, ni el asistente social escolar, ni nuestra propia secretaría… nadie. Y ahora nos falta un alumno. Así que la pregunta no es: «¿Quién tiene la culpa?». La pregunta es: «¿Dónde está el chico desaparecido?».

La directora asintió y la encargada de curso, agradecida por el apoyo, sonrió a la enfermera, aunque seguía sintiéndose fatal.

La directora dijo:

—Repito la pregunta: ¿a quién llamamos?

La señorita Lane se encogió de hombros.

Pero no la señora Cardiff. Ella nunca se encogía de hombros, a ella siempre se le ocurría una sugerencia útil y este asunto de los Grayson no iba a ser una excepción.

Se sentó muy tiesa al borde de su silla y dijo:

—Debe de haber una explicación muy simple para que el otro gemelo no haya venido, así que no hay motivo de alarma. En primer lugar, deberíamos hablar con Jay, el que está en el colegio. Hoy empiezo las pruebas de audición, razón por la cual puedo llamarlo a la enfermería durante el aula de curso. El otólogo viene más tarde, pero podré hablar un poco con el chico, de forma amistosa. Y en base a lo que me diga, le propondré que llamemos a sus padres. Y si por alguna razón los padres no cooperan, entonces involucraremos a las autoridades. ¿Les parece una buena forma de actuar?

La directora y la encargada de curso se miraron, y ambas asintieron en señal de aprobación.

La señora Lonsdale se levantó, cerró la carpeta azul y se la entregó a la enfermera.

—De acuerdo, entonces. Eso haremos. Y por ahora, que esto no salga de nosotras, ¿entendido?

La señorita Lane y la señora Cardiff dijeron que sí a la directora, se pusieron en pie y las tres salieron al pasillo central cuando los primeros autobuses pasaban por la esquina.

Acababa de empezar otro día de clase.

Capítulo 19

CONFLICTO EN VILLAGEMELOS

Ray calculó a la perfección su horario matutino para llegar el miércoles al colegio al mismo tiempo que los primeros autobuses. Cruzó la puerta principal junto a una multitud de niños, tras lo cual atravesó el vestíbulo central hasta detenerse en la pared más alejada a fin de buscar caras conocidas entre la riada de alumnos, sobre todo a Melissa o a James. Vio a Sean, pero no le apetecía hablar con él. Prefería hacerlo con los chicos que sabían quién era, los que sabían que él era Ray, y no vio a ninguno de ellos.

En consecuencia, se sumó al denso tráfico peatonal, giró a la derecha y caminó arrastrando los pies hacia el pasillo de sexto. Iba a llegar al aula de curso antes que de costumbre, pero le faltaban cosas en los deberes de mates, así que le vendría bien algo de tiempo libre.

• • •

Mientras los primeros autobuses dejaban su carga de alumnos el miércoles, la señora Cardiff se quedó junto a la puerta abierta de la enfermería, vigilando. Tenía una memoria excelente para las caras, y casi de inmediato divisó a Jay Grayson entrando por la puerta principal: el doble perfecto de la foto del alumno de quinto del expediente escolar. Solo que aquella mañana el chico tenía un moratón reciente en la mejilla derecha, más un arañazo en el mentón. La enfermera tomó nota mental de aquellos asuntos físicos.

El muchacho parecía indeciso, como si dudara del camino que debía tomar. Y no iba con amigos, ni hablaba con nadie, ni pareció ver a las tres o cuatro chicas que le sonrieron al pasar por su lado. Se quedó solo cerca de la pared unos veinte segundos, mirando a izquierda y derecha; luego dio media vuelta y se dirigió al pasillo de sexto. «Da la impresión de que prefiere estar solo», pensó la enfermera. «Quizá se sienta un poco perdido sin su hermano gemelo».

Ray se sentó en el aula de curso y entabló conversación con Alex Grellman. Alex era un hacha en mates, y Ray necesitaba ayuda. Tenía dificultades con la descomposición en factores (culpa de Jay, por cierto, por tomar esos apuntes tan asquerosos). Y se debía a que durante la clase del martes, Jay había estado distraído mirando a esa chica que le parecía tan especial: Julie Parkman.

Pero Ray no quería pensar en Jay. Le alegraba estar lejos de él.

«Rata inmunda», pensó. «¿Y si no volviera a verlo jamás en la vida? Sería una maravilla».

Ray se sentía así porque la noche anterior no había discurrido felizmente en Villagemelos.

Los contratiempos empezaron después de la cena del martes, cuando Ray y Jay subieron a su habitación para hacer los deberes. Se sentaron a su amplio escritorio doble y se pasaron una y otra vez su único libro de matemáticas, tratando de resolver los problemas. Y no era fácil.

Después de estar unos diez minutos intentando explicarle a Ray la descomposición en factores, Jay dijo:

—Oye, olvídate de esto un momento. Tengo que decirte algo.

Ray dejó de masticar el extremo de su lápiz y dijo:

—Pues dímelo.

Jay respiró hondo y espetó:

—James lo ha averiguado. Lo nuestro. Lo de que somos gemelos, y lo de que nos turnamos para ir al colegio.

Ray lo miró de hito en hito.

—¿Estás de guasa, no?

Jay meneó la cabeza.

—James tiene hermanos gemelos, en cuarto curso, y siempre los distingue. Cuando estábamos corriendo en el entrenamiento de fútbol esta tarde, dijo que se daba cuenta de que éramos dos personas diferentes. Que lo sabía. Sobre todo porque ayer no me dijiste que te habías herido la rodilla. Hoy ha mirado la mía, se ha fijado en mi forma de correr y…

—¿Tu forma de correr? —interrumpió Ray—. ¿Qué forma de correr?

—Bueno, a ti te vio correr el lunes, y tú eres más lento. Además sacas los codos como si fuesen alas de gallina.

—Yo no saco… *¿alas de gallina?* ¿James ha dicho eso?

—Más o menos, pero no en plan de burla, solo te describía. La cosa es que lo sabe todo, pero no se lo dirá a nadie porque…

—¿Que soy *más lento*? —inquirió Ray—. ¿Cree que soy más lento que tú? Está pirado.

—O sea, ¿que no hay problema? ¿Por lo de que sepa lo nuestro?

Ray se encogió de hombros.

—No. Quiero decir que no importa. De todas formas, todo el mundo se va a enterar el viernes —dijo y tras una pequeña pausa añadió—: Además, yo se lo conté todo a Melissa. El lunes por la mañana.

Jay se quedó boquiabierto.

—¿Que tú qué?

—Que se lo conté a Melissa. El lunes. No quería decirle un montón de mentiras para explicarle por qué parecía un completo imbécil el viernes.

—Entonces… hoy —dijo Jay—, cuando estaba con ella en clase, ¿ella lo sabía? *¿Hoy lo sabía?*

Ray asintió, y una sonrisa se extendió lentamente por su cara.

—Sip, la llamé después de clase, mientras tú estabas entrenando. Me dijo que se habían enterado unas cuantas chicas más, porque ella se lo contó a su mejor amiga, esa que se llama Caroline. Y lo sentía muchísimo, pero yo le dije que no era para tanto —explicó Ray, e hizo una pausa en la que su sonrisa se ensanchó—. Y oye, buenas noticias, dice que hoy en ciencias has estado encantador, fingiendo que eras guay y lanzado y demás. O sea, como yo.

Jay le atizó un mamporro en el hombro.

—Esto por no decírmelo antes —precisó, y volvió a pegarle en el mismo sitio, con más fuerza—. Y esto por creer que tiene gracia, eso de que todas cuchicheen y se cachondeen todo el día a mis espaldas. Tú y tu estúpida novia… que tiene de mona lo que un cerdo marino.

Los insultos hicieron que Ray apretara los puños, y pensó en devolver los golpes, pero Jay tenía la cara tan congestionada y tan retorcida por la rabia que estaba hasta gracioso. Así que le dio la risa.

Y ahí fue cuando se desató la guerra civil, hermano contra hermano. Jay saltó sobre Ray y lo derribó de la silla. Ambos rodaron por el suelo y la pierna de alguno se enredó con el cable de la lámpara de dos brazos del escritorio, que salió volando hasta estamparse contra el suelo, donde sus dos bombillas se hicieron trizas y dejaron a oscuras la habitación.

Cuando su padre subió a zancadas las escaleras para detener la pelea, Jay tenía la camisa desgarrada del hombro a la cintura y le sangraba el codo que había impactado contra el radiador; Ray lucía un cardenal con forma de puño en la mejilla y un arañazo de uña en el mentón.

Después de recibir los primeros auxilios y un segundo rapapolvo de su madre, los chicos arreglaron los desperfectos, retiraron los trozos de cristal con la aspiradora, repusieron las bombillas y volvieron a sus deberes. En silencio sepulcral.

La ira se trocó en resentimiento, y el silencio de muerte se mantuvo durante el resto de la noche. Por la mañana la tensión seguía siendo tan palpable que, en el desayuno del miércoles, su madre dijo:

—Venga, chicos. No sé por qué hubo pelea anoche, pero hay que hacer borrón y cuenta nueva. Quiero un apretón de manos entre los dos ahora mismo.

Y los gemelos se dieron la mano, aunque ambos trataron de estrujar lo suficiente como para aplastar los nudillos del contrario, y ambos apretaron con tanta fuerza y durante tanto tiempo que su padre terminó por decir:

—Ya está bien, se acabó; ahora mismo, los dos. ¡Ya!

Por eso cuando Ray estaba sentado en el aula de curso, tratando de entender lo que Alex le explicaba sobre los factores, le hubiera parecido de perlas no tener un hermano gemelo.

Tras la Promesa de Lealtad, el intercomunicador cobró vida y una voz dijo:

—¿Señorita Lane?

—¿Sí? —contestó esta, acallando la clase con las manos y los ojos.

—Por favor, envíe a Jay Grayson a la enfermería para la prueba de audición.

—Enseguida.

—Gracias.

Y el intercomunicador enmudeció.

—Jay —dijo la señorita Lane—, llévate tus cosas. Y no te preocupes: a todos los nuevos alumnos se les examina el oído en otoño. ¿Sabes dónde se encuentra la enfermería?

Ray ya estaba en pie, con la mochila al hombro.

—¿Al lado de secretaría?

La señorita Lane asintió.

—Eso mismo.

Ray salió del aula y enfiló hacia la enfermería, una feliz interrupción en su camino.

No solía gustarle ir a la enfermería, pero en esta ocasión le parecía genial porque, si jugaba bien sus cartas, podría perderse la primera mitad de la clase de mates. Nada de descomposición factorial, nada de fingir amabilidad en honor de esa lela de la Parkman por hacerle un favor a su estúpido hermano. En esa mañana en particular, una visita a la enfermera sería el modo perfecto de empezar el día.

Capítulo 20

FINAL DE PARTIDA

Ray se quedó un segundo en el umbral de la puerta abierta, olisqueando. Había aprendido que era conveniente comprobar la calidad del aire antes de adentrarse en una enfermería. Después de aspirar unas cuantas veces, decidió que el sitio olía bien: no había peste de vómito, ni olores de baño, solo un tenue olorcillo a jabón y alcohol.

Llamó a la puerta y, a renglón seguido, la enfermera contestó:

—Adelante.

Estaba sentada a su escritorio, a la derecha de Ray, y tenía un ordenador portátil abierto delante de ella. Giró la cabeza, sonrió y dijo:

—Buenos días. ¿Eres Jay? —mientras él asentía, añadió—: Yo soy la señora Cardiff —señaló una silla situada detrás de ella y dijo—: Por favor, siéntate. Estaré contigo en un momento.

Ray se quitó la mochila del hombro y se sentó.

A su izquierda había un póster sobre la dieta equilibrada, nada de interés. A su derecha otro sobre la postura correcta para sentarse, que le enderezó de inmediato en su silla. Después, al mirar hacia delante, directamente a la nuca de la enfermera, sus ojos cayeron en el brazo izquierdo que descansaba sobre el escritorio. Y allí, en ese escritorio, al lado del portátil, Ray vio algo. Sus ojos se desorbitaron, su corazón pareció detenerse y, como si hubiera recibido una descarga de miedo eléctrico, su mente se quedó en blanco. Era una carpeta azul fuerte. El expediente académico que duplicaba el grosor de los demás y que Jay le había descrito, la carpeta que Jay había visto en el aula de la señorita Lane en su segundo día de clase. Esperando allí, en ese instante, a poco más de un metro.

Ray, presa del pánico, hubiera querido levantarse de un salto, salir corriendo de la enfermería y del colegio, y seguir corriendo hasta llegar a casa, pero siguió sentado, tratando de pensar.

«La carpeta azul. Sobre la mesa de la enfermera... ¿qué puede significar? ¿La habrá mirado? ¿Habrá descubierto la verdad? Pero si lo sabe todo, ¿por qué se comporta como si no pasara nada?»

Apenas había podido controlar sus pensamientos cuando la enfermera giró su silla para enfrentarse con él.

—Muy bien, veamos —dijo. Sostenía en alto un par de grandes auriculares enchufados al portátil—.

Primero quiero ajustar los niveles del programa de prueba. Tenemos un especialista que revisa mis resultados, así que debo asegurarme de hacerlo bien. El ordenador se encarga de la mayor parte del trabajo, pero hay que programarlo. Me encantan los ordenadores modernos, ¿a ti no? Pueden hacer casi cualquier cosa. Vaya, cuando yo empecé a trabajar como enfermera en un colegio, el probador de audición era casi tan grande como una lavadora.

La señora Cardiff no solía ser tan parlanchina, pero necesitaba tiempo para echarle un buen vistazo a Jay Grayson. El chico parecía nervioso, como si tuviera miedo de algo.

Ella le dio los auriculares y dijo:

—Toma, ponte esto… así mismo, como orejeras. Bien, deja que te los recoloque un poco.

Al inclinarse para ajustárselos, la señora Cardiff vio claramente el cardenal de su mejilla. Y supo por experiencia lo que estaba viendo: marcas de nudillos. Solo los nudillos dejaban marcas así, y eso no era bueno.

Lo señaló y dijo:

—¿Te duele este moratón?

—¿Cómo? —preguntó Ray, y se retiró el auricular de la oreja derecha.

—¿Que si te duele este golpe de la cara? ¿Qué te ha pasado?

—No, no me duele… me di contra la cama. En la tabla del extremo, porque me resbalé… con la alfombra.

—Ah, claro —dijo la enfermera, pero pensó: «Está mintiendo». Y llevaba razón—. ¿Tienes algún familiar que oiga mal? ¿Tu madre? ¿Tu padre?

Ray negó con la cabeza.

La enfermera tomó rápidamente una decisión. Un chico que se veía en la tesitura de tener que mentir sobre un cardenal de su cara podía correr verdadero peligro, y su desaparecido hermano también podía correrlo. Ya era hora de ir al grano, de llegar al fondo del asunto.

Dijo:

—¿Y tu hermano? ¿Tiene problemas de audición?

Ray ladeó la cabeza, pensando que había entendido mal.

La enfermera se inclinó para quitarle los auriculares.

—Digo que si *tu hermano* tiene problemas de audición.

—¿M… mi hermano? —tartamudeó Ray.

—Sí, Jay —contestó la enfermera mirándolo a los ojos—, tu hermano gemelo Ray.

Ray devolvió la fija mirada de la enfermera y soltó lo primero que se le vino a la cabeza:

—No tengo ningún hermano que se llame Ray.

Y era verdad.

Pero al mirar el rostro de la mujer, supo que el juego se había acabado. Había llegado la hora de la verdad, de toda la verdad.

Tomó aire y dijo:

—Mi hermano se llama Jay. Yo soy Ray, no Jay. Ray soy yo.

La enfermera no le contradijo, pero no sabía qué pensar. Por lo menos estaba obteniendo respuestas, así que siguió preguntando.

—¿Y dónde estaba tu hermano Jay la semana pasada?

—Aquí, en el colegio —contestó Ray—, pero no todos los días; hoy, por ejemplo, no está. Venimos por turnos, hoy le tocaba quedarse en casa.

—¿Y vuestros padres?

Ray agitó la cabeza.

—No saben nada. De que uno de nosotros se queda en casa y eso. Se pasan todo el día en el trabajo.

La enfermera se puso en pie.

—Espera aquí... Ray, no te muevas. Volveré en un segundo —dijo, y después de dejar los auriculares sobre la mesa, salió a toda prisa de la habitación.

Ray ni siquiera volvió la cabeza para verla marchar. Seguro que iba a secretaría, a buscar a la directora. Eso sería lo siguiente: la directora.

Pero no estaba preocupado. Aquello era el final de la partida, y durante las cinco noches pasadas, justo antes de dormirse, había estado pensando en cómo acabaría todo aquel lío. Se había imaginado toda clase de finales, y estaba preparado.

Y en el principio del fin, solo sintió una oleada de alivio. Todo se acabaría rápidamente, y la vida sería mucho más sencilla. Quizá algo más ordinaria, pero lo ordinario estaba bien. Lo ordinario sonaba bien… hasta cuando el asunto de los gemelos se desquiciaba.

Y en realidad no había por qué preocuparse: desde aquel momento hasta el mismísimo final, Ray se había imaginado todas las posibles vueltas y revueltas del asunto. No habría sorpresas.

Pero en eso se equivocaba un poco.

Capítulo 21

EL PRINCIPIO DEL FIN

Cuando volvió la enfermera, lo hizo acompañada de la directora. Y a Ray no le sorprendió. Solo le llevó cuatro minutos explicárselo todo a la señora Lonsdale. En realidad, era muy simple: Jay había notado que Ray no tenía carpeta, y ambos decidieron que necesitaban ver cómo era ir al colegio sin un gemelo idéntico al lado.

—Bueno —dijo la directora—, espero que te des cuenta –y tu hermano también– de lo mal que está todo esto. Está mal y hasta es peligroso. Tus padres pensaban que sus hijos estaban a salvo en el colegio, y el colegio no sabía nada del otro gemelo. Eso no está bien. Esta es la peor manera de empezar en el Colegio de primaria Taft.

Ray asintió. Nada de sorpresas. Desde el principio, Jay y él habían tenido claro los problemas que se les vendrían encima. Y ambos sabían que les impondrían algún castigo. Claro clarinete.

La directora siguió diciendo:

—Bien, Jay, quiero decir, Ray, acabo de hablar con tu madre por teléfono, y me ha dado permiso para que la señora Cardiff y yo te llevemos en coche a casa. Allí nos encontraremos con tus padres dentro de un cuarto de hora; con tus padres y con tu hermano. Debemos hablar muy seriamente sobre esto. ¿Hay algo más que quieras decirnos en este momento?

Ray meneó la cabeza.

—Solo que… lo siento.

Y era verdad. Porque el tamaño real del problema que ambos hermanos habían causado empezaba a hacer mella en él. Y esclarecerlo todo no iba a ser tan fácil como se había creído, especialmente con Jay aquejado por aquel repentino ataque de cabezonería.

Aun así, mientras iba hacia el aparcamiento de profesores flanqueado por la enfermera y la directora, como un prisionero escoltado por dos ayudantes del sheriff, no pudo evitar un pensamiento: «Bueno, por lo menos me libro de la clase de mates».

Capítulo 22

EL FUGITIVO

Ray vio el monovolumen de sus padres en el camino de acceso cuando la directora giró para entrar en su calle, y vio a sus padres esperando en la entrada del jardín. Esperándole. A él. Y al acercarse, vio sus caras.

Tragó saliva. Aquella parte no iba a ser divertida.

No obstante, era preferible pasar lo peor con todos reunidos. «Algo así como arrancar la tirita de una rodilla despellejada», se dijo, «hay que tirar de golpe».

La directora aparcó detrás del coche de de los Grayson, se apeó, y se acercó a los padres de Ray para presentarse.

—Siento no haberlos conocido en otras circunstancias —dijo—, pero siempre es conveniente aclarar las situaciones difíciles. Esta es la señora Cardiff, la enfermera del colegio.

La señora Grayson dijo:

—Mi marido y yo queremos agradecerles su ayuda en este asunto. Vamos a entrar en casa y a sentarnos, ¿les parece?

Durante esta breve conversación, Ray se limitó a quedarse donde estaba, sin acercarse del todo al círculo de los adultos. Nadie le miró, nadie le nombró. Se habría sentido mejor si su madre o su padre le hubieran dedicado al menos una mala cara, pero era como si no existiese.

Siguió a sus padres por la puerta de la cocina; mientras la directora y la enfermera pasaban detrás de él, la señora Grayson llamó con voz dura y fuerte:

—¿Jay? Baja a la cocina ahora mismo.

Ray no oía el televisor del salón, así que entró y puso la mano sobre el aparato. No estaba caliente.

«Apuesto a que ha vuelto a la cama en cuanto me he ido al colegio», pensó.

Por eso dijo en dirección a la cocina:

—Seguro que está durmiendo, mamá. Voy a despertarlo.

Pero cuando llegó a su habitación, vio que ambas camas seguían hechas, como las habían dejado antes de salir. Bajó corriendo las escaleras y en respuesta a la pregunta que vio en los ojos de su madre, contestó:

—Debe de estar en nuestro escondrijo.

Con los adultos a la zaga, Ray abrió camino hasta el garaje.

—¡Eh, Jay! Todos están aquí. Lo saben todo. Puedes salir —gritó. No hubo respuesta—. Lo mismo se ha dormido aquí.

En realidad no lo creía, pero retiró la caja que tapaba la entrada y se metió gateando. Entre tanto, el señor Grayson quitó un par de las cajas superiores, y cuando Ray levantó la vista, se encontró con cuatro adultos que escudriñaban la cueva de cartón. Durante medio segundo le pareció ver que su padre sonreía, aunque muy levemente; pero él se limitó a mirar las caras de ceños fruncidos, a encogerse de hombros y a decir:

—Aquí no está.

—Bueno, ¿y dónde está, Ray? Esto ya no tiene la menor gracia. ¿Dónde ha ido? —preguntó su madre con voz tensa y estridente.

Ray volvió a encogerse de hombros.

—No lo sé, mamá. De veras. Esta mañana seguía muy enfadado, por nuestra pelea de anoche. Pero no es de los que hacen tonterías, como fugarse o algo así.

En cuanto lo dijo deseó no haberlo hecho. Jamás había visto aquella expresión de pavor en el rostro de su madre, y todos los demás se pusieron tan rígidos que parecía que hubieran dejado de respirar.

Hubo un instante de absoluto silencio, como si el tiempo mismo se hubiese detenido y no se atreviera a dar un solo tictac más.

Y en aquel silencio sonó un teléfono móvil, un fuerte y alegre ritmo latino. El rostro de la señora Lonsdale pasó del pálido al levemente rojizo.

—Es mi teléfono —se excusó—, perdonen.

Y salió del garaje.

Ray empezó a trepar por las cajas y su madre le tendió una mano para ayudarle.

Cuando bajó, dijo:

—Lo mismo se ha ido al zoo o a la Galería de Personajes Famosos del Rock and Roll. Habíamos hablado de eso. O lo mismo se ha ido al parque o algo así.

Pero al decirlo se percató de que cada vez que abría la boca, más claro dejaba que Jay podía estar en cualquier parte.

De pronto su madre tiró de él y lo envolvió en un súbito y feroz abrazo que pilló a Ray totalmente desprevenido.

Al tiempo que ella lo apretaba con tal ansia que casi no le dejaba respirar, la directora asomó la cabeza por la puerta del garaje para decir:

—Debemos volver todos en mi coche ahora mismo. Se lo explicaré por el camino.

Capítulo 23

DESAPARECIDO

Ray no se había equivocado respecto a Jay, respecto a lo enfadado que estaba.

Jay seguía tan furioso que apenas fue capaz de beberse el zumo de naranja del desayuno. Había salido de casa al marcharse Ray, y al salir no había sonreído a sus padres ni se había despedido de ellos. Mientras Ray enfilaba hacia el colegio, Jay se escabulló hacia el garaje, como siempre.

Pero ese día Jay detestaba esperar en la guarida de cartón, y se sentó al resguardo de una desvencijada silla de jardín, lleno de rabia, odiando al mundo entero.

Odiaba a Ray por contarle todo a Melissa y por no contárselo luego a él. Los dos se echaron unas buenas risas a su costa porque se había esforzado por parecerse a Ray. Los dos habían permitido que hiciera el más espantoso de los ridículos.

Y le hubiera encantado aporrear la nariz de Melissa por irse de la lengua y desvelar el secreto a todas sus amigas. Para reírse de él todas juntas.

Y estaba enfadado con sus padres por ponerles nombres tan parecidos. Eso no ayudaba, precisamente. En absoluto.

Y estaba cabreado con todo el maldito universo por conspirar contra él para darle un hermano gemelo. Era tan injusto que siempre te estuvieran comparando con otro… y seguiría igual durante el resto de sus vidas.

Pero, sobre todo, estaba enfadado consigo mismo, porque la culpa de todo aquel lío la tenía él. Había sido idea suya, y era él quien había empujado a Ray a ir al colegio por turnos.

Y ahora le explotaba todo en la cara. Por completo.

¿Era aquel el supuesto experimento que en teoría iba a liberarlos a su hermano y a él del otro y de las interminables comparaciones? Pues había resultado un fracaso total. ¡Se suponía que iba a darles libertad para ser ellos mismos!

«Sí, claro», resopló mientras se sentaba sufridamente en el escondrijo, «como si tal cosa fuera posible».

El experimento había salido rematadamente mal. En vez de conseguir la libertad, ambos estaban encerrados en una prisión de mentiras. En vez de lograr ser ellos mismos, no hacían más que fingir que se parecían al otro.

Y eso no funcionaba nunca. Ahora lo veía. Era una estupidez haber pensado que podían pasar por el mismo chico. Eran dos personas totalmente distintas, siempre lo habían sido y siempre lo serían, se parecieran lo que se pareciesen. Jay estaba harto de todo: de su hermano, de sus padres, del colegio… ¿y de las chicas? Con Melissa y sus amigas riéndose y cuchicheando de él a todas horas, ya podía olvidarse de Julie Parkman. O de cualquier otra chica de la vecindad.

Por eso cuando sus padres se marcharon a trabajar, volvió a casa dando zancadas, subió a su cuarto y metió algunas cosas en la mochila, acompañadas del almuerzo que su madre le había preparado; añadió además algo de dinero, su gorra de béisbol, una camiseta y un par de calcetines de repuesto.

Luego bajo las escaleras, cruzó el salón y fue apagando las luces al pasar. A continuación salió por la puerta de la cocina y la cerró bien.

Después, no miró atrás.

Capítulo 24

EL VERDADERO JAY GRAYSON

Cuando salió de casa aquella cálida mañana de un miércoles de septiembre, ¿se encaminó Jay Grayson a la estación de autobuses del centro de la ciudad de Cleveland? ¿Echó a andar hacia la interestatal 480 para hacer dedo hacia alguna parte, hacia cualquier parte? ¿Empezó a caminar hacia el oeste, con intención de llegar en autoestop hasta la granja de sus abuelos, en Indiana?

Parado al final de su camino de acceso, con su mochila al hombro, todas esas posibilidades se le pasaron por la cabeza.

Pero él ya había elegido un destino diferente.

Once minutos y medio después se presentó en la secretaría del Colegio de primaria Taft. Y cuando la secretaria le lanzó una mirada de perplejidad y le preguntó cómo se llamaba, el contestó que Jay Grayson, porque ese era: el verdadero Jay Grayson. Y el verdadero Jay Grayson recibió una nota de retraso no justificado que debía entregar a su profesor de la primera hora.

Después se dirigió a matemáticas.

De camino al aula de la señorita Pell, ya sabía lo que pensaba hacer: entrar sin más preámbulos en la clase, acercarse al lugar ocupado por Ray y, en voz lo bastante alta como para que todos le oyeran, decir: «Me llamo Jay Grayson, y tú me has quitado mi sitio. Así que fuera. Ya».

Porque estaba listo para la última escena. Delante de Julie. Delante de todos. Y todos los alumnos se quedarían pasmados al verlos juntos, al ver a dos gemelos idénticos. Hasta los que ya lo sabían se quedarían pasmados. Habría un barullo fruto de la confusión, y luego llamarían a la directora, y ahí se acabaría todo, todas las mentiras. ¿Y qué pasaría después de eso? A Jay le importaba un pimiento. Que pasara lo que tuviera que pasar.

Por eso le sentó como un tiro descubrir que su sitio de matemáticas estaba vacío. No había ni rastro de Ray. Entregó su nota de retraso a la señorita Pell y se sentó, y treinta segundos después la profesora lo sacaba a la pizarra para calcular el mayor factor común de 128 y de 42. Jay no tuvo otra que lanzarse al río de la clase y seguir la corriente.

Pero cuando Ray volviera de dondequiera que estuviese… entonces se formaría una buena. La mejor. Y Jay estaba preparado.

Salvo porque ignoraba que al tiempo que él salía de casa para dirigirse al colegio, Ray y la señora Cardiff y la señora Lonsdale subían a un coche del aparcamiento de profesores.

Al igual que ignoraba que nada más salir él de la secretaría, la secretaria había telefoneado a la directora para decirle con voz desconcertada:

—¿Señora Lonsdale? Siento molestarla, pero ese chico que acaban de llevarse en su coche acaba de volver al colegio. Y… solo quería que usted lo supiera.

Y a esa llamada se debía que la directora y la enfermera entraran al colegio diez minutos después de Jay, seguidas por los señores Grayson y su hijo Ray.

Dos minutos después de eso, el intercomunicador del aula de matemáticas de sexto zumbó y crepitó por la estática, tras lo cual la voz de la secretaria dijo:

—¿Señorita Pell?

—¿Sí?

—Por favor, envíe a Jay Grayson a secretaría inmediatamente.

Minuto y medio después, cuando Jay apareció en el mostrador de secretaría, la secretaria lo miró, bizqueó y lo volvió a mirar. Luego señaló la puerta del despacho de la directora y dijo simplemente:

—Entra.

Jay abrió la puerta y entró.

Capítulo 25

DISONANCIA, UNISONANCIA, ARMONÍA

El despacho de la directora era pequeño. Con la entrada de Jay, la población del reducido espacio creció hasta el número de seis: dos empleadas del colegio, dos padres y un par de gemelos. Había sillas para todos, y ese mobiliario extra empequeñecía aún más la habitación.

Jay se sentó en la única silla vacía, al lado de Ray, y al mirar a su hermano de reojo, notó por su expresión que las cosas se habían puesto ya desagradables. Las sillas estaban muy juntas, así que sentados allí, tiesos e inmóviles, el brazo derecho de Jay tocaba el izquierdo de Ray. Este dio de inmediato un levísimo codazo a su hermano, Jay replicó flexionando un músculo, una señal demasiado pequeña para ser advertida por los demás. Pero los gemelos habían abierto una vía de comunicación. El enfado de Jay no había remitido, pero esto era más importante. Estaban juntos en aquel asunto, y el contacto los confortó un poco. Aunque el consuelo no duró demasiado.

La directora carraspeó y paseó la mirada por los rostros de los presentes.

—Bien, ahora que estamos aquí reunidos, quisiera decir en primer lugar que la señora Cardiff y yo y todo el personal del Colegio de primaria Taft sentimos muchísimo que haya ocurrido… esto. Hace nueve años que soy la directora, y antes de eso he impartido matemáticas en este mismo centro durante siete años, y nunca antes había ocurrido nada similar a… esto. Nunca.

La señora Cardiff añadió a toda prisa:

—Por supuesto, nos satisface enormemente que esta situación no haya causado ningún percance a ninguno de sus hijos, porque esa es nuestra principal preocupación, siempre. Queremos que todos los niños estén a salvo y bien atendidos, y vigilados. Nos tomamos esa responsabilidad muy en serio.

La directora asintió ante los comentarios de la enfermera y siguió diciendo:

—Ahora, por supuesto, nos pondremos en contacto con el colegio al que asistían sus hijos en Colorado para comprobar si los expedientes que enviaron aquí estaban completos, porque su forma de transmitir la información fue, cuando menos, confusa. Y nuestro centro revisará los procedimientos de inscripción de los nuevos alumnos para asegurarnos de que no vuelva a pasar algo así nunca más.

La señora Lonsdale se detuvo para aclararse de nuevo la garganta y, tras echar un vistazo a Ray y a Jay, dijo:

—Y también decidiremos las apropiadas… consecuencias. Para los chicos. Por faltar varios días al colegio. Eso se concretará cuando hable con el superintendente. Quizá debamos imponer una expulsión temporal… o, mejor dicho, dos expulsiones temporales.

Al oír aquella palabra, Jay y Ray respingaron al mismo tiempo. Una expulsión temporal era mala cosa. Una mancha en tu expediente académico. Imborrable.

—¿Piensa hablar con el superintendente? —preguntó el señor Grayson—. ¿Acaso desea que esto se haga público? ¿No tendría más sentido que se encargara usted sola, aquí en el colegio?

—Nos enfrentamos a un incidente muy serio —contestó la directora—, así que las consecuencias también han de serlo. Es lo razonable.

La señora Grayson asintió y dijo:

—Estamos de acuerdo, señora Lonsdale, pero creo que puedo explicarle lo que quiere decir mi marido. Verá usted, ambos trabajamos en una compañía de seguros. Yo, como analista de reclamaciones, estudio la situación y determino si puede haber un intento de fraude o cualquier otra irregularidad. Pero mi marido es tasador de siniestros, la persona que va al lugar del suceso y habla con los afectados; su labor es casi detectivesca. Por eso creo que trata de investigar si existe algún modo de que este asunto no se complique aún más.

El señor Grayson asintió.

—Lo digo porque… ¿se imagina los titulares del periódico local? «Un colegio pierde a un alumno de sexto durante una semana». Eso no sería beneficioso, ni para el colegio ni para nuestra familia.

Mientras su padre seguía hablando Jay sintió un firme codazo de Ray, seguido de una presión insistente contra su brazo. Y Jay se lo devolvió. Y esos codazos significaban:

«¿Pero oyes lo mismo que yo? Parece que papá vuelve a la carga… ¡Nos está defendiendo!»

En ese momento el señor Grayson se dirigió a la enfermera:

—Usted ha dicho que les alegraba que ninguno de los chicos haya sufrido percance alguno. Mi mujer y yo también nos alegramos. Nos alegramos mucho de que estén bien y de que no sea necesario recurrir a nuestro abogado.

La directora entrecerró los ojos y replicó:

—No estoy segura de lo que quiere decir exactamente, señor Grayson.

Jay tampoco, ni Ray. Nunca habían visto a sus padres hablar con tanta gravedad con otros adultos. O puede que hasta ese momento no hubieran prestado suficiente atención, pero sin duda ya la estaban prestando, en completo silencio, sin atreverse casi a respirar. Salvo que ahora se codeaban para puntuar los avances de ambos bandos, porque estaba claro que había bandos. Aquello empezaba a parecerse a una batalla.

Mirando fijamente los ojos de la directora, el señor Grayson repuso:

—Lo que quiero decir es que espero que deje usted las consecuencias disciplinarias en nuestras manos, las manos de sus padres. Los chicos han mentido y han faltado al colegio, y ambas cosas están mal, y serán castigados por ello, pero en casa. Se lo garantizo. Aquí, en el colegio, creo que lo mejor para nuestros hijos es que sigan adelante con su trabajo. Creo que debemos dar por concluido este… incidente, de inmediato. Hoy, sin ir más lejos.

La directora frunció el ceño y objetó:

—Pero han infringido tantas normas que…

—Sí —interrumpió el señor Grayson—, pero en mi opinión, el anterior colegio de Ray y Jay envió al suyo información de los dos chicos, dos expedientes, ¿no? —la directora asintió y el señor Grayson siguió diciendo—: Y su colegio perdió uno de esos expedientes por error. Perdió a un alumno, ¿no? —la directora asintió de nuevo, y pareciéndose cada vez más al fiscal de un juicio, el señor Grayson precisó—: Estuvo mal que los chicos se aprovecharan de eso, por supuesto. Sin embargo, y aquí radica el quid de mi razonamiento, fue un error del colegio el que permitió que se produjera esta situación. Y fue un error que podría calificarse de negligencia, pero negligencia es un término desagradable, un término legal. Por eso creo que debemos llamarlo error y dar por concluido el asunto.

Jay levantó la mano.

Todas las miradas convergieron en él, y la enfermera preguntó:

—¿Sí, Ray?

Y Jay aclaró:

—Soy Jay.

Y la enfermera dijo:

—Vaya… perdón. Ray es el del cardenal en la cara. ¿Quieres decir algo, Jay?

La señora Cardiff se alegraba de la interrupción, porque el cruce de palabras entre el señor Grayson y la directora se calentaba por momentos, y por la expresión de la señora Lonsdale, estaba a punto de explotar.

Jay asintió.

—Solo quería decir que todo fue idea mía. Así que a Ray no deberían castigarlo. Es que yo quería saber qué se sentía en el colegio sin ser un gemelo. Se me ocurrió a mí. Y lo siento mucho.

Ray cabeceó y repuso:

—Yo estuve de acuerdo en todo, así que también es culpa mía. Y lo siento tanto como tú. Y merezco el mismo castigo que tú. A ver si dejas de creerte el ombligo del mundo, ¿vale?

Al instante y por instinto, Jay tomó impulso y arreó a su hermano un puñetazo en el hombro. Con fuerza.

La enfermera jadeó.

Y la señora Grayson gritó:

—¡Jay! ¡Ya basta!

Pero toda la rabia que Jay sentía media hora antes volvió a asaltarle de repente:

—Tú ni siquiera sabes si soy Jay o no, mamá. Nadie lo sabe, salvo él —dijo apuntando a Ray con el pulgar—, y a nadie le importa quienes somos en realidad por separado. Solo somos «los gemelos». Y ya estoy harto.

A la señora Grayson se le empañaron los ojos.

—Pero claro que nos importa quién es cada uno. Y sabemos quién es quién… lo sabemos.

—¿Ah, sí? —replicó Jay—. Cuando me quedé en casa el jueves pasado, ¿supiste que era yo en lugar de Ray? No. Y cuando fuimos al centro comercial el viernes, yo llevaba la sudadera, la gorra y las gafas de Ray, pero era yo, y tú ni lo notaste. Y si Ray no la hubiera pifiado el domingo, sería yo quien hubiese ido a patinar, y tú no te habrías enterado de nada. *Nadie* sabrá con seguridad cuál de los dos somos; nadie, a menos que se haga la prueba del lunar.

La señora Cardiff repitió:

—¿La prueba del lunar?

—Ray tiene un lunar en el tobillo derecho —aclaró la señora Grayson.

Y la señora Cardiff tomó nota mental de aquel dato tan útil.

La habitación se quedó en silencio mientras la señora Grayson se enjugaba los ojos con el pañuelo de papel que le había dado la directora. Y los agresivos sentimientos que los adultos habían expresado poco antes se marcharon a hurtadillas del despacho, dando paso a la preocupación por aquellos chicos, y también a la curiosidad.

Porque aquel atisbo del mundo de los gemelos era completamente nuevo para la señora Cardiff y la señora Lonsdale. Y los padres de Ray y Jay empezaban a verlo también desde una nueva perspectiva.

La señora Cardiff percibió que ya había llegado la hora de ejercer de mediador, uno de sus puntos fuertes. Le sonrió a Jay y después a Ray.

—Creo entender que lo que ha pasado aquí ha sido una forma de lidiar con ese problema de ser confundidos continuamente, de sentir que uno siempre hace sombra al otro. ¿Es así?

Los dos chicos asintieron, y Jay respondió:

—Sí, fue por eso.

—Pero hay que ser consciente de que el método elegido no es el más adecuado, ni el más franco, ¿verdad? —prosiguió la enfermera. Los chicos asintieron de nuevo—. Bueno, el problema no va a desaparecer, hagamos lo que hagamos. Es algo con lo que cada uno debe aprender a bregar lo mejor que pueda. Está claro, ¿verdad? Estoy segura de que sí. Pero el colegio debe encontrar alguna forma de ayudar. ¿Hay alguna idea?

Jay contestó de inmediato:

—¿Podríamos estar en clases distintas?

Y Ray convino:

—Sí, eso estaría bien.

La directora dijo:

—Podemos hacerlo ahora mismo. Os pondremos en tantas clases distintas como sea posible. ¿Qué os parece?

Más asentimientos, incluidos los de los padres.

La señora Cardiff guardó silencio un instante, porque quería hacer muy bien lo que venía a continuación. No quería parecer una enfermera, ni una profesora, ni mucho menos una madre: quería parecer una amiga. Miró las caras de los presentes y dijo:

—Pero, chicos: para que el problema mejore, la mayor parte del trabajo recaerá sobre los dos. Nosotros podemos ayudar, pero hay que tener paciencia con nosotros y ayudar también. Estoy segura de que existen muchas diferencias: no hay ninguna persona que sea igual a otra. Intentaremos conocer a cada uno. ¿Será posible? Y también debería mejorar el comportamiento del uno con el otro, ¿de acuerdo?

Ray y Jay se miraron y se transmitieron una señal que nadie más pudo ver. Los dos se volvieron hacia la enfermera y dijeron al unísono:

—Sí.

La directora se volvió hacia los señores Grayson.

—Creo que sus ideas para manejar este asunto son adecuadas —admitió—. Hay que ayudar a los chicos para que avancen en el colegio. Y les agradezco a los dos que hayan sido tan comprensivos, respecto al error.

Ambos progenitores asintieron y sonrieron, y la señora Grayson dijo:

—Nosotros también les estamos agradecidos. No tratábamos de poner trabas, sinceramente. Solo queríamos lo mejor para los gemelos… quiero decir, para Jay y para Ray.

La señora Lonsdale sonrió y contestó:

—Precisamente lo que queríamos nosotros.

Los adultos se comportaban de repente con una educación tan exquisita que parecía que luciera el sol tras una gran tormenta, y a los chicos no les pasó inadvertido. Ray lanzó una rápida mirada a Jay, que le lanzó una rápida mirada a él, y ambos vieron alivio en la cara del otro; y ambos desviaron la mirada velozmente, porque no era buen momento para sonreírse. Pero lo peor había pasado, y lo sabían.

Los diez minutos siguientes fueron de una actividad frenética, ya que la directora pidió a la secretaria que separara a los gemelos tantas horas al día como fuera posible.

Al ser «Jay» el nombre asociado con una cara en el aula de curso de la señorita Lane, tenía sentido dejar a Jay donde estaba y cambiar a Ray al aula de la señorita Abbot.

Por la misma razón, Jay conservó su horario y a Ray se le asignó uno nuevo, que al principio no le gustó porque significaba que Jay seguiría de compañero de laboratorio de Melissa, pero lo dejó estar. Además, seguro que en las otras clases había también chicas majas. Y después pensó que, en realidad, lo suyo era mejor, porque iba a empezar de nuevo, con un principio flamante, siendo él mismo: Ray Grayson. Su nueva taquilla estaría en el extremo del pasillo de sexto. Además, no tendría que fingir nunca más que jugaba al fútbol.

Al final, los hermanos solo coincidirían en clase de gimnasia. Y también durante la hora de comer de sexto, pero no tenían por qué sentarse juntos, a menos que quisieran.

¿Y el trabajo de sociales que debían entregar ese día? Lo entregaría Jay, puesto que la mayor parte la había hecho él. A Ray se le dio una semana más para que hiciera otro por su cuenta.

Una vez establecidos los horarios, la señora Lonsdale dijo:

—Jay, ve directamente a sociales, y entrega este justificante de tu tardanza.

Volviéndose a Ray, añadió:

—Tú irás al aula de arte, Ray. Aquí tienes una nota para explicarle al señor Chu que ahora estás en su clase, y esta es la copia de tu nuevo horario. Necesitarás, además, que tus profesores te den los libros de texto —hizo una pausa para mirar alternativamente a los hermanos—. Ahora ya no depende de nosotros. Solo quiero oír cosas buenas de los dos durante el resto del curso, ¿entendido?

Los chicos asintieron.

—Sí, señora Lonsdale —contestaron al unísono.

Antes de salir del despacho, tanto Ray como Jay dieron un prolongado abrazo a su madre, que estuvo a punto de echarse a llorar otra vez.

Y cada hijo recibió además un fuerte apretón de manos y un corto abrazo de su padre, que *no* estuvo a punto de echarse a llorar. En absoluto. Por su forma de mirarlos, Jay y Ray supieron que no bromeaba al referirse durante la reunión a las consecuencias que deberían afrontar. En casa.

Pero eso sería después. Les quedaban un montón de horas por delante antes de tener que bregar de nuevo con su padre. Por eso, el nivel de amenaza inmediata se desplomó prácticamente a cero.

Los chicos salieron juntos del despacho y cuando habían recorrido unos tres metros de pasillo, Ray miró hacia atrás.

Y Jay dijo:

—¿Nos sigue alguien?

—No —contestó Ray—. Mamá nos está mirando, pero no nos sigue nadie. Campo libre.

—¡Bien!

Los hermanos caminaron codo con codo en silencio hasta llegar a la esquina donde se cruzaban los pasillos. Allí se detuvieron y se miraron durante un segundo o dos. Y no fue como mirarse en un espejo, de ningún modo. Ambos sonrieron levemente.

—Una semana asombrosa, ¿no? —comentó Ray.

—Y que lo digas —convino Jay—. Oye, creo que Julie Parkman está ahora mismo en tu clase de arte. Dile hola de parte mía, ¿vale?

La sonrisa de Ray se ensanchó.

—Cuenta con ello. Y cuando tú veas a Melissa esta tarde, sé tú mismo, ¿eh? La chica opina que eres mono; a tu estilo tontorrón, se entiende.

Jay resistió el impulso de atizarle otro puñetazo a su hermano, y acabó por reírse.

—Mono pero tontorrón. Podré soportarlo. En fin, pasa un buen día, ¿de acuerdo? Quizá nos veamos en la comida.

—Sip. Puede.

Jay dio media vuelta y enfiló el pasillo principal para dirigirse a sociales, y Ray se encaminó hacia la clase de arte.

Tras andar en direcciones opuestas unos quince segundos, ambos miraron hacia atrás, al unísono.

Y ambos sonrieron, asintieron y siguieron adelante.

ÍNDICE

OTROS TÍTULOS DE ANDREW CLEMENTS

OTROS TÍTULOS
DE LA COLECCIÓN